Jean-Paul Sartre

# Briefe an
# Simone de Beauvoir

1926–1935

Deutsch von
Angela Spingler

Rowohlt

Veröffentlicht im
Rowohlt Taschenbuch Verlag GmbH,
Reinbek bei Hamburg, Januar 1996
Die Briefe der vorliegenden Ausgabe
wurden dem Band
«Briefe an Simone de Beauvoir Band 1
(1926–1939)» entnommen
Copyright © 1984 by Rowohlt Taschenbuch
Verlag GmbH, Reinbek bei Hamburg
«Lettres au Castor et à quelques autres» Copyright ©
1983 by Éditions Gallimard, Paris
Umschlaggestaltung Walter Hellmann/Beate Becker
(Illustration/Foto: Rowohlt Archiv)
Satz Sabon (Linotronic 500)
Gesamtherstellung Clausen & Bosse, Leck
Printed in Germany
200-ISBN 3 499 22046 6

# Inhalt

# Vorwort

*Als sie jung waren, pflegte Guille, der lange Zeit Sartres bester Freund war, zu ihm zu sagen: «Die literarischen Handbücher der künftigen Jahrhunderte, mein kleiner Freund, werden angeben: Jean-Paul Sartre, bedeutender Briefschreiber, Autor einiger literarischer und philosophischer Werke.» Im Laufe der Gespräche\*, die er mit mir im Sommer 1974 führte, äußerte sich Sartre darüber, was seine Briefe für ihn darstellten: Es war die Transkription des unmittelbaren Lebens... Es war eine spontane Arbeit. Insge-*

---

\* Simone de Beauvoir, *Die Zeremonie des Abschieds und Gespräche mit Jean-Paul Sartre*, Rowohlt Verlag, Reinbek 1983, 235 f.

heim dachte ich, daß man diese Briefe hätte veröffentlichen können... Ich hatte den kleinen Hintergedanken, daß man sie nach meinem Tod veröffentlichen würde... Meine Briefe kamen letzten Endes einem Zeugnis über mein Leben gleich.

*Wenn ich diese Briefe nun der Öffentlichkeit übergebe, erfülle ich also nur einen Wunsch von ihm. Gewiß wäre es wünschenswert, daß seine ganze Korrespondenz – die immens ist – zusammengetragen würde, aber dafür brauchte man sicher viel Zeit. Ich fand es jedoch besser, nicht länger zu warten mit der Veröffentlichung der Briefe, die an mich adressiert waren – und einiger anderer, die mir ihre Empfänger vermacht oder anvertraut hatten.*

*Sie beziehen sich auf die jüngere Vergangenheit. Ich habe mich also nicht berechtigt gefühlt, sie vollständig erscheinen zu lassen. Ich habe kein Jota an dem verändert, was meine Beziehung zu Sartre betrifft. Aber um Dritte – oder deren Angehörige – nicht in Verlegenheit zu bringen, habe ich Passagen weggelassen und Namen geändert. Über fast alle diese Korrekturen habe ich selbst ent-*

*schieden. Einige wurden von Arlette El*
*Kaim-Sartre gewünscht. Auf jeden Fall*
*werde ich das Originalmanuskript der Bi-*
*bliothèque Nationale übergeben, die nach*
*einer gewissen Anzahl von Jahren darüber*
*verfügen kann.*

*Trotz dieser ganz sekundären Vorbehal-*
*te besitzt diese Briefsammlung, die einen*
*Zeitraum von fast vierzig Jahren umfaßt*
*– 1926 bis 1963 –, für alle diejenigen, die sich*
*für Sartre interessieren, den unersetzlichen*
*Wert eines umfangreichen Zeugnisses über*
*sein Leben, einer «Transkription des unmit-*
*telbaren Lebens».*

Simone de Beauvoir

Anmerkung der Übersetzerin

Die mit einer Zahl versehenen Fußnoten
stammen von Simone de Beauvoir, die mit *
versehenen Fußnoten stammen von der
Übersetzerin.

# 1926

## An Simone Jolivet[1] (ein echter Brief)

Ich stelle mich Ihnen vor – Sie werden ahnen, warum. Sie haben mir vorgeworfen, daß ich weder einfach bin noch aufrichtig, und Sie werden sehen, ob das bequem für mich ist.

Mein Charakter ist im Kern sehr heteroklit.

Einerseits bin ich äußerst ehrgeizig. Aber in welcher Hinsicht? Ich stelle mir den Ruhm wie einen Ballsaal voller befrackter Herren und dekolletierter Damen vor, die mir zu Ehren ihre Gläser erheben. Das ist sicherlich eine Bilderbuchvorstellung, aber ich habe

---

[1] Die ich in *La force de l'âge* (deutsch: *In den besten Jahren*, Rowohlt Taschenbuch Verlag, Reinbek 1961, rororo Nr. 1112) Camille genannt und von deren Beziehung zu Sartre ich ausführlich erzählt habe.

11

dieses Bild seit meiner Kindheit in mir. Es lockt mich nicht, doch lockt mich der Ruhm, denn ich möchte weit über den anderen stehen, die ich verachte. Aber vor allem habe ich den Ehrgeiz, schöpferisch zu sein: ich muß gestalten, egal was, nur gestalten; ich habe alles probiert, von philosophischen Systemen (blödsinnigen natürlich, ich war sechzehn) bis zu Symphonien. Mit acht Jahren habe ich meinen ersten Roman geschrieben. Ich kann kein leeres Blatt sehen, ohne daß ich Lust bekomme, etwas draufzuschreiben. Dieses übrigens lächerliche Gefühl der Begeisterung empfinde ich nur bei bestimmten Werken, weil ich mir vorstelle, ich könnte sie nachschaffen, sie selbst schreiben, und so schreibe ich Ihnen heute, weil ich gerade eins gelesen habe und sofort das Bedürfnis hatte, etwas zu gestalten: diesen Brief. Doch mir gefällt nicht, was ich schreibe, ich schreibe nicht in meiner Art, wenn Sie so wollen, ich ändere ständig den Stil und finde mich trotzdem nicht gut. Übrigens mögen mich auch andere deshalb nicht besonders. All das ist sehr banal. Leider kommt hinzu, daß ich im Grunde von Natur aus den Charakter einer kleinen alten Jungfer habe: ich bin – wovon Sie vielleicht keine Ahnung hatten – mit dem Charakter geboren, der zu meinem Aussehen paßt: schrecklich sentimental, blödsinnig sentimental, feige und zimperlich. Meine Sentimentalität ging so weit, daß ich über alles mögliche flennte. Bei Theaterstücken, Filmen, Romanen habe ich geheult wie ein Schloßhund. Ich habe ungerechtfertigte und unglaubliche Anwandlungen von Mitleid gehabt, auch Anfälle von Feigheit, von Charakterschwäche, so daß meine Eltern und Freunde mich eine Zeitlang für den letzten Versager hielten.

Das also sind meine beiden Grundtendenzen. Die wesentliche ist der Ehrgeiz. Ich habe mir sehr bald nicht gefallen, und das erste, was ich wirklich gestaltet habe, war mein Charakter. Ich habe an zwei Dingen gearbeitet: an meinem Willen und an der Unterdrükkung der zweiten Tendenz, deren ich mich zutiefst schämte. Was den Willen angeht, habe ich mich der Methode der Willküracte bedient: ohne *irgendeinen* Grund etwas zu tun, was mir gegen den Strich geht. Um Ihnen ein Beispiel zu nennen: mein erster Willkürakt war, daß ich einen Hut unter die Räder der Straßenbahn von La Rochelle warf, den ich mir vierzehn Tage lang gewünscht und den meine Mutter mir endlich gekauft hatte. Das war idiotisch, aber ich war vierzehn. Ich habe sogar bei dieser Gelegenheit die letzte Ohrfeige von meiner Mutter bekommen. Um meinen Charakter zu bezwingen, habe ich mich bemüht, ihn zu verstecken. Früher war ich sehr mitteilsam, aber das Leben, das man mir in La Rochelle bereitet hat, von dem ich Ihnen erzählt habe, und andererseits mein fester Wille, mich zu ändern, haben mich verschlossen gemacht. Ich sage Ihnen ehrlich: dies ist das erste Mal seit sieben Jahren, daß ich so viel darüber sage, und das kommt daher, daß ich mir meiner selbst jetzt sicher bin. Aber glauben Sie nicht, ich hätte alle diese grotesken Tendenzen in mir erstickt: sie existieren immer noch. Ich bin noch ebenso feige und zimperlich, wie ich war: wenn ein Hund neben mir bellt, zucke ich vor Angst zusammen. Und doch glaube ich, wenn ich den festen Entschluß habe, etwas zu tun, könnte mich keine Angst davon abhalten. Aber daraus folgt:

1. Diese Tendenzen können jeden Augenblick wieder auftauchen, und bei dem Versuch, sie zurückzudrängen, nehme ich die gekünstelte Haltung an, die Sie mir vorwerfen. Ich bin nie ich selbst, weil ich immer versuche, zu modifizieren, neu zu schaffen: ich werde nie das Glück (?) haben, spontan handeln zu können.

2. Wenn ich eine echte Empfindung habe, ein Gefühl, das ich für artikulierbar halte, bin ich absolut unfähig, es auszudrücken: entweder ich stammle, oder ich sage genau das Gegenteil von dem, was ich sagen wollte – oder ich drücke dieses Gefühl mit geschwollenen Sätzen aus, die nichts besagen –, oder aber, und das ist das häufigste, ich äußere gar nichts, ich fliehe vor jeder Äußerung: das ist das klügste. Im übrigen bin ich jetzt natürlich viel sturer, und ich bin nicht mehr so leicht zu erschüttern.

Ich habe Ihnen fast alles gesagt; ich füge hinzu, daß ich ein gewisses Charakterideal erreichen muß: moralische Gesundheit, das heißt vollkommenes Gleichgewicht. Ich bin noch sehr weit davon entfernt. Es gelingt mir allerdings, nur noch das, was ich will, nach außen durchscheinen zu lassen. Ich übertreibe. Um absolut ehrlich zu sein: meistens.

Beim Schreiben dieser kurzen Analyse fand ich, daß die Bilanz nicht besonders gut ausfällt, und ich hätte hier und da gern ein bißchen beschönigt. Doch ich habe es mir nicht zugestanden, denn wenn ich schon einmal angefangen habe, von mir zu sprechen, ist es besser, es in aller Aufrichtigkeit zu tun. Aber ich weiß, daß ich mich damit exponiere: Sie werden finden, daß ich Erich von Stroheim zur Zeit recht wenig ähnlich bin oder dem, was für Sie ein «Willensmensch» ist. Es ist schon wahr, ich bin nicht mit einem glücklichen Charakter geboren, abgesehen von der Intelligenz. Das übrige ist noch recht dürftig, aber immerhin verdanke ich es mir selbst, das ist schon was. Noch einmal, ich weiß, daß ich der «Eliminierung» anheimfallen werde: Sie sind zu romantisch, als daß Ihnen das alles gefiele, aber ohne dieses Risiko hätte ich, glaube ich, ein Phantasieporträt von mir gezeichnet. Das ist im Grunde wieder ein Willkürakt. Sie dagegen sind natürlicher als ich, weil sie *von Geburt an* einen Charakter haben, der meinem weit überlegen

16

ist. Es ist also natürlich, daß Sie ihn zeigen. Aber es ist vielleicht ungerecht, mir vorzuwerfen, was – zumindest in meinen Augen – mein Verdienst ist.

*Die beiden jungen Mädchen aus dem Brief[2]*
*gibt es nicht.*


## An Simone Jolivet

[Vor April]

Mein liebes kleines Mädchen

Werden Sie nicht mißmutig, sondern bleiben Sie ganz geduldig. Ich hatte alles vorbereitet, um Sie dieser Tage zu besuchen; aber durch ein Mißgeschick, das der Dummheit eines meiner Mitarbeiter zu verdanken ist, kann ich dem Verleger nicht die Übersetzung des Buches geben, die mir das Geld für meine Reise einbringen soll. Ich kann Sie erst um

2 Dieser erste Brief an Simone Jolivet ist verlorengegangen.

den 10. April herum in Toulouse besuchen. Dieses Jahr ist eine Folge von Enttäuschungen jeder Art gewesen, besonders aber pekuniärer. Ich träume von einem Jahr 26/27, in dem das Geld weniger knapp ist und ich jeden Monat einmal nach Toulouse kommen könnte, so wie Monsieur de Norpois seine Freundin Madame de Villeparisis besuchte. Das Studium ist im Moment besonders trist. Wir haben gerade die *Revue annuelle*\* gespielt, mit einigem Erfolg. (Sie werden einen Bericht darüber in *L'Œuvre* vom letzten Sonntag finden und ein Foto von mir als Lanson in *L'Œuvre* vom Montag.) Und heute, am Tag nach dem Fest, wo Körper und Seele verkatert sind, sind wir alle stumpfsinnig. Ich bin auch besonders traurig darüber, daß die Pfingstferien näher rücken. Ich werde allein in Paris bleiben, und ich kenne die Freuden solcher Ferien; ich irre durch die Straßen, gebe kein Geld aus – aus Sparsamkeit und um Sie besuchen zu können – und leiste mir nur zweimal in der Woche den Luxus einer

---

\* Die jährliche Theateraufführung der École Normale Supérieure.

Kinokarte für 3 Francs. Ich habe eine Reihe von Prüfungen hinter mich gebracht – wie immer erfolgreich – und sitze jetzt nur noch verblödet an meinem Arbeitstisch. Ich lese kaum. Doch im *Journal* den Fortsetzungsroman von Henry de Montherlant, der recht bemerkenswert ist: *Les Bestiaires* [Deutsch: *Tiermenschen*]. Lesen Sie ihn. Sie werden dort bei einem jungen Mann, Alban, genau die Auffassung von der Liebe finden, die ich mag: die des Ritters mit dem Handschuh, von der wir gesprochen haben. Es spielt in Ihrem geliebten Spanien. Mögen Sie meine Kameraden? Welchen haben Sie am liebsten? Sie haben im Augenblick alle kein Ziel, sie sagen immer wieder dieselben kindischen kleinen Sätze, lungern bei diesem und jenem herum, essen stumm Zuckerstücke und hauen nicht wieder ab. Sie haben Geständnisse auf den Lippen, was ihre Verwirrung beweist. Sie möchten über ihren Charakter sprechen und all die falschen Dinge über ihn sagen, die man sagt, wenn man in diesem Zustand ist. Doch meine Gegenwart hindert sie daran, denn ich hasse Schwächen und diese Geständnisse, die man lustlos und gleichgültig macht. Aber hinter meinem Rücken scheinen sie geschwätzig zu sein wie alte Frauen. Canguilhem hat heute zu mir gesagt: «Du bist mir sehr sympathisch, weil du im Grunde sehr traurig bist, und um dich abzulenken, vergnügst du dich damit, dumme Scherze zu treiben und Larroutis zu verhauen.» Ich weiß nicht, warum mir das geschmeichelt hat. Doch Sie wissen, daß ich diese Melancholie hasse. Hier ein schöner Gedanke zu diesem Thema, von einem Philosophen, den ich Ihnen empfehlen werde, wenn wir zusammen ein wenig über ihn *gesprochen* haben: Alain: «Hegel sagt, die unmittelbare oder natürliche Seele sei immer in Melancholie gehüllt und wie niedergeschlagen. Das schien mir von schöner Tiefe. Wenn die Reflexion über sich selbst nicht aufrichtet, ist sie ein übles Spiel. Und wer sich befragt, antwortet sich immer schlecht. Das Denken, das sich nur betrachtet, ist bloß Langeweile oder Traurigkeit. Versuchen Sie es. Fragen Sie sich selbst: ‹Was würde ich gern lesen, um mir die Zeit zu vertreiben?› Sie gähnen schon. Man muß einfach anfangen. Ein Wunsch, der sich nicht als Willen vollendet, fällt in sich zusammen.

Und diese Bemerkungen genügen, um die Psychologen zu richten, denn sie möchten, daß jeder seine eigenen Gedanken studiert, wie man es mit Kräutern und Muscheln macht. Aber denken heißt wollen.» *(Propos sur le bonheur)* [deutsch: *die Pflicht, glücklich zu sein*]

Ich denke an wenig. Das Heft, das ich vor zwei Jahren vollgeschrieben habe, beschämt mich: also trennte ich mich von allem. Heute spüre ich, daß ich mich langsam spezialisiere. Ich habe in den letzten Tagen allen Schwung und alle Kraft darauf verwendet, ein rein psychologisches Problem, eine Detailfrage zu lösen. Es ist Zeit zu reagieren. Ich denke wenig über den schönen Roman nach, den ich für Sie schreiben werde. Aber trotzdem denke ich daran, und ich glaube, er wird Ihnen gefallen. Ich lebe im Moment ein wenig zu sehr von der Bewunderung, die die anderen für mich hegen.

Was ist das für eine sehr schöne Art, mich zu lieben, mein liebes kleines Mädchen? Ist in ihr ein wenig Zärtlichkeit? An Ihrer Zärtlichkeit liegt mir vor allem. Ich bin überschwemmt von Verstandesdingen und der intellektuellen Lieben überdrüssig. Ich brauchte eine schöne, törichte Zärtlichkeit wie die, die ich im Moment für Sie empfinde. Ich habe zu nichts anderem Lust, als Sie zu küssen und Ihnen sentimentale Dummheiten zu sagen. Prüfen Sie Ihre Liebe: würde sie standhalten, wenn ich in Toulouse *nur* das täte? Schreiben Sie es mir.

Lesen Sie *Ariel ou La vie de Shelley* [deutsch: *Ariel*] von André Maurois. Es ist weder sehr tiefgehend noch sehr gut geschrieben, aber es ist die romanhafte Biographie eines großen englischen Dichtergenies. Es wird Sie interessieren. Ich kann mich fast nur noch für solche Lebensbeschreibungen großer Männer interessieren. Ich will versuchen, darin eine Prophezeiung für mein eigenes Leben zu finden. Leider haben sie alle *in meinem Alter* eine Reinheit und einen Enthusiasmus, die ich nie gehabt habe. Sie schwören, in einem Wald oder an einem Bach, ihr Leben diesem oder jenem zu weihen. Ich habe noch nicht einmal Lust dazu, und auf alle Fälle würde ich fürchten, mir selber lächerlich dabei vorzukommen. Die Garantie meines künftigen Wertes ist für mich nur mein immenser Stolz und auch ein dunkles Gefühl für mein Leben. Sie dürften mich kaum verstehen: ich will sagen, daß die bloße Tatsache, daß ich mich leben fühle, mir Garantie ist. Hören Sie, was ich den Helden «Ihres» Romans sagen lassen werde: «Ich bin ein Genie, denn ich lebe. Ihr anderen erscheint mir indirekt, ihr suggeriert mir zweifellos bemerkenswerte Ideen, und je nachdem, was ihr mir bringt, nenne ich euch intelligent oder dumm. Aber ich vermute, es ist mir recht, daß ihr lebt. Während ich, Herrgott! Ach, ich wollte, die anderen fühlten mein Leben, wie ich es fühle, überschäumend, tosend, bis an die Grenzen meines Horizonts. Ich begegne ihm überall. Könnte ich es doch nur ausdrücken, es aus mir herauspressen. Dann wäre ich tatsächlich das Genie, das ich eigentlich bin. Ein einziger Mensch lebt für mich: das bin ich selbst. Und es ist ein Mysterium, daß gerade ich das bin; und ich kann mir nicht vorstellen, daß ich sterben werde.» Mögen Sie das? Unglücklicherweise gibt es so viele Stolze in meiner Familie, daß ich manchmal fürchte, mein Stolz sei ein bloßer Erbfehler.

Also lesen Sie *Ariel*, und sagen Sie mir, ob

Sie Ihren Jean-Paul diesem Percy Bysshe Shelley vorziehen, den die Frauen so liebten – oder ob Sie Shelley vorziehen. Er war sehr schön.

Ich liebe Sie auf alle Arten, die Sie sich wünschen können, mon cher amour.

Anbei ein Foto von mir in der Revue *À l'ombre des vieilles billes en fleurs**. Es zeigt Lanson (ich), der einem Reporter (gespielt von Péron[3]) ein Interview gibt. Ich habe in dieser Aufführung nackt mit dem halbnackten *Nizan* getanzt.

* «Im Schatten alter Glatzkopfblüte», Verballhornung des Proustschen Romantitels *À l'ombre des jeunes filles en fleurs*.

3 Normalien, der Englisch studierte und eng mit Sartre befreundet war. Er sollte später in der Deportation sterben.

# An Simone Jolivet

Man sollte sich doch verständigen. Wollen Sie mich sehen, ja oder nein? Ich billige *absolut nicht* diese Art und Weise, mich als den Herrn zu betrachten, dem man alle vierzehn Tage zu festgelegter Stunde einen Brief schreibt, um ihn in seinem Schwarm von Flirts zu halten, und einmal im Jahr ein Almosen von drei Tagen zugesteht. «Nicht frei, unnötig, Sonntag zu kommen.» Ach so, Sie stellen sich vor, ich sei frei gewesen? Freitag mittag hatte ich keinen Sou Reisegeld, und ich war von zehn verschiedenen Seiten für die Pfingstferien eingeladen worden. Nun, ich habe mir zu helfen gewußt. Um 4 Uhr hatte ich das Geld, und ich war frei. (Um 4 Uhr 30 bekam ich Ihr liebenswertes Telegramm.) Wenn man nicht frei ist, macht man sich frei, ganz einfach. Was zählen schon Ihre kleinen müßigen Beschäftigungen, was sollten sie zählen angesichts der Tatsache, daß Sie, die Sie sagen, Sie lieben mich, mich sechs Monate nicht gesehen haben?

Zumindest wäre es normal gewesen, sich zu entschuldigen, einen Vorwand zu liefern und auf der Stelle zu schreiben. Ich habe bis heute gewartet und stelle fest, daß Sie sich in eine einfältige Gleichgültigkeit zurückziehen, befriedigt, mich zum «Auftanken» geschickt zu haben wie Ihren Verlobten.

Was soll das heißen? Sind Sie meiner überdrüssig? Schon! Arme Närrin, die Sie vor vier Monaten schrieben: «Ich habe Sie lieber als meine Mutter!» Jedenfalls sollte man den Mut haben, es zu sagen. Aber Sie sind egoistisch, frivol und obendrein noch feige. «Der Gockel und die Perle», sagten Sie, als ich mich einmal nach einer solchen Geschichte ein wenig kälter gezeigt hatte. Aber die Perle bin ich. Wer hat Sie zu dem gemacht, was Sie sind, wer versucht, Sie daran zu hindern, sich als Bourgeoise, Ästhetin oder Dirne aufzuführen? Wer kümmert sich um Ihre Intelligenz? Ich, nur ich. Ich verdiene, glaube ich, nicht so abgefertigt zu werden wie Ihr spanischer Briefpartner oder dieser Dummkopf Voivenel, dessen Bücher *(Cafard – Remy de Gourmont vu par son médecin)* armseliger Schund sind.

Ich habe dieses Verhalten allmählich satt. Nie war ich näher daran, Sie Ihrem liebenswerten Milieu zu überlassen. *Ich stelle Bedingungen:* können Sie mich am Dienstag, dem 13. April 26, zu einer Uhrzeit, die ich Ihnen überlasse, in Toulouse empfangen oder treffen? Ich brauche bis Samstag, dem 10. April, eine Antwort. Wenn es «Ja» ist, werde ich mir dort ein Urteil über Ihre Gefühle bilden. Wenn es «Nein» ist, werden Sie nichts mehr von mir hören.


## An Simone Jolivet

Mein liebes kleines Mädchen

Dieser Brief, den ich vorsichtshalber in Paris einwerfen werde, ist in Toulouse im *Café Regina* geschrieben.

Er ist weder eine Berichtigung noch eine Ergänzung dessen, was wir heute nacht gesagt haben, er ist nur eine Fortsetzung unseres Gesprächs: da ich auf meinen Zug warten mußte, fand ich, ich könnte nichts Besseres tun, als Ihnen zu schreiben. Im Moment sind Sie ganz besonders «mein kleines Mädchen». Heute nacht waren Sie es nicht so ganz, oder, wenn Sie so wollen, Sie waren ein kleines Mädchen, das den großen Leuten etwas beibringt, wie der Sohn in diesem Märchen, der seinen Eltern sagt, sie sollten ihre Kindesliebe zu seinem Großvater nicht vergessen. Durch Ihre offene Klarheit waren Sie mir sehr überlegen. Sie hatten ein *sehr schönes* Gesicht, zart, edel und heiter, und auf dem Rückweg zum Bahnhof wunderte ich mich, daß Sie mit diesem wunderbaren Antlitz dieselbe sind wie die, die sich auf den Toulouser Bällen besäuft. Wirklich, ich war Ihnen heute nacht ein wenig unterlegen bis zu dem Moment, da ich so viel Ehrlichkeit in Ihrem Blick sah, daß ich Ihnen vertraute. Dieses Vertrauen, mein liebes kleines wiedergefundenes Mädchen, habe ich natürlich auf den Allées Saint-Michel verloren. Das Gegenteil wäre erstaunlich gewesen. Ich bin Anfänger, und Sie sind sehr vielschichtig, aber dieser Brief ist ein Glaubensakt. Ich wollte ihn schreiben, dann dachte ich, Sie hätten mir etwas vorgespielt, und ich hatte Angst, daß er

28

mich wehrlos einer Koketten ausliefere, dann schämte ich mich der Angst, und hier ist er schließlich. Und *ich habe Vertrauen*. Diese Nacht hat mich eine seltsame Demut gelehrt. Nehmen Sie an, Cosima sähe Friedrich nach dem Tod Richards wieder und zeigte ihm, daß das brutale Mißtrauen gegen Frauen, das er für Stärke hielt, vielleicht nur Menschenscheu und Schwäche war. So ist es. Wird daraus ein Fortschritt entstehen? Das weiß ich noch nicht. Jedenfalls weiß ich jetzt, daß mein Mißtrauen oft nichts anderes war als oberflächliche Scham über allzu vertrauliche Gedanken, mit denen ich an Sie dachte, und scheußliche Furcht vor Lächerlichkeit. Und ich liefere Ihnen den Beweis für mein Vertrauen, indem ich Ihnen gestehe, was ich nicht zu sagen gewagt habe, weil ich den Starken spielen wollte: nämlich, daß ich nicht der erste, sondern *der einzige* in Ihrer Liebe sein möchte, mein liebes kleines Mädchen. Ich weiß es seit langem und hatte nicht vor, es Ihnen zu sagen. Ich sage Ihnen das nicht, damit Sie sich in dieser Hinsicht auch nur im geringsten ändern, sondern um Ihnen als Vertrauensbeweis das schwierigste Geständnis zu machen, das ich Ihnen machen kann. (Und selbst das ist nicht sehr aufrichtig: während ich das schreibe, hoffe ich ein wenig, daß Sie sich ändern, aber *ändern Sie sich nicht*.) Verachten Sie nur nicht die Gesten à la Charlie. Versuchen Sie zu verstehen, was Chaplin als Charlie sein will, und leiten Sie daraus die Psychologie meiner «natürlichen Seele» ab, dieser traurigen Seele, die Dummheiten macht, von denen ich Ihnen im Kino erzählte. Mein kleines Mädchen, bleiben Sie zärtlich, wenn schon nicht meinetwegen, so zumindest Ihretwegen. Härte ist nicht Ihre Art. Bei Ihrem vielen Ausgehen, das ich tadle, spielen Sie eine Rolle, die ebenfalls absolut nicht zu Ihnen paßt. Ich bitte Sie nur um eins: bringen Sie mir zuliebe Ihrer Welt die Zärtlichkeit entgegen, die Sie mir bezeigt haben, und die *Ehrlichkeit*. Verstehen Sie? Sonst verlangen Sie eine Erklärung, es ist wichtig. Ich werde Ihnen erzählen, was ich tat, als ich von Ihnen wegging: es wird Ihnen gefallen. Ich bin die Allées Saint-Michel hinuntergegangen und habe an ihrem Ende eine Art Park gefunden, der – zumindest um diese Stunde – das Hübscheste ist, was ich in Toulouse gesehen habe. Ich habe mich auf eine Bank gesetzt und bin mit dem Gedanken an eine mysteriöse Kaninchenjagd eingeschlafen. Ich habe eine Viertelminute geschlafen und bin aufgewacht, als der Wächter an mir vorbeiging, ein alter Mann, der mir gefallen hat. Meine Pfeife in der einen Hand und die Streichholzschachtel in der anderen, so war ich eingeschlafen. Mechanisch zündete ich mir die Pfeife an und dachte, es wäre schön, einen Moment mit diesem alten Mann zu plaudern in diesem Zustand trauriger Ruhe, in den man gewisse Romanhelden manchmal nach einer großen, bewegenden Szene verfallen sieht (Myschkin zum Beispiel, wenn er nach der Ermordung Nastasjas mit Rogoschin plaudert – womit ich mich nicht mit Dostojewski vergleichen will). Und richtig, er kam zu mir und sagte: «Sie sind aber früh auf.» Ich erwiderte, ich warte auf den Zug, ich sei aus Paris, und da hat er gesagt: «Aus Paris? Mein Sohn kommt von dort zurück.» Und er hat mir die Geschichte von seinem Sohn, dem Hauptmann, erzählt, in Dialogen von charmanter Einfachheit. Einer lautete: «Als mein Sohn von Saint-Cyr kam (vor etwa

13 Jahren), hat der Oberst zu ihm gesagt: ‹Faulpelz, du hast nicht gearbeitet.› ‹Doch, Herr Oberst, ich habe gearbeitet.› ‹Nein, du hast nicht gearbeitet.› ‹Herr Oberst, ich glaube, ich habe gearbeitet.› Da hat der Oberst gesagt: ‹Na, ich glaube dir, daß du gearbeitet hast›, und er gab ihm das in seiner Tasche versteckte Leutnantspatent.» Ich habe Ihnen diesen alten Mann geschenkt. Ich habe ihn nicht als Trottel behandelt, und ich glaube, er war voller Güte und von schlichtem Stolz auf seinen Sohn. Der Gedanke, daß ich, von Ihnen kommend, ohne jeden Vorbehalt die Güte entdeckt und wiedererkannt habe, könnte mir gefallen. Ich werde zweifellos lange nicht mehr in den Zustand geraten, der nötig ist, um sie zu finden. Ich bin im Moment kaum traurig, daß ich Sie verlassen muß, und ich liebe Sie mit einer Einfachheit, die dieses alten Wächters würdig ist. Ich weiß nicht, was dieser Brief taugt. Ich schlafe erst mal ein bißchen. Wenn ich ihn in Paris wiederlese, werde ich ihn zweifellos dumm finden, aber ich werde ihn sicher abschicken, denn er ist eine Huldigung an dieses wunderbare kleine Mädchen, das Sie heute früh um fünf Uhr waren.

Ich liebe Sie mehr, als ich Sie je geliebt habe.

Mein liebes kleines Mädchen, ich schreibe eine Stunde später weiter. Diesmal, um Ihnen zu sagen, daß es mir unendlich schwer fällt, von Ihnen wegzufahren. Ich vermute, daß die Schlaflosigkeit, die mich im Moment körperlich so schwächt, nicht ohne Grund da ist. Jedenfalls bin ich vor Kummer völlig stumpfsinnig durch die Stadt geirrt. Ich weiß, das wird im Zug vergehen, aber die neue Moral, so neu und stark sie auch ist, reicht nicht aus, um den armen Kerl, der ich in diesem Moment bin, zu schützen. Wie Sie früher schon einmal feststellten, verdirbt mir das nicht den Appetit: ich esse gerade Croissants.

Aber ich schwöre Ihnen, daß es nicht lustig ist, dieses «Tief», das wir zusammen ertragen mußten, allein zu tragen.

Im Zug. Mein liebes kleines Mädchen, meine Moral hat es geschafft. Ich bin einfach *sehr* glücklich. Ich liebe ein kleines Mädchen, das mich liebt, das genau das kleine Mädchen ist, das ich brauche, ich bin fest entschlossen, es vor Juli wieder zu besuchen, ich vertraue ihm, die Landschaft in der Sonne ist schön. Ich bin stärker als im September, denn im September liebte ich Sie weniger; damals nahm ich die Hoffnung mit, Sie bald wiederzusehen, und war doch sehr traurig. Heute, wo ich eigentlich nicht recht weiß, ob Sie nach Paris kommen können, liebe ich Sie mehr und bin froh. Aber das liegt vielleicht daran, daß ich Sie mehr und *richtiger* liebe.

## An Simone Jolivet

Wenn ich Ihnen einen zweiten demütigen und reuevollen Brief[4] geschrieben habe, so nicht, weil ich glaubte, Ihr Brief wäre in der Wut geschrieben, sondern weil ich fürchtete, Sie würden beim Erhalt meines Briefes Nr. 1 seine Sinnlosigkeit einsehen und auf sich selbst böse sein wegen dieses etwas kindischen Schritts, und diesen Ärger wollte ich Ihnen durch eine bescheidene Haltung ersparen.

4  Dieser Brief ist verloren.

Ihr letzter Brief ist bezaubernd. Sie haben (freiwillig?) Ihre kleinen Fehler korrigiert, und das hat mir sehr gefallen. Ich weiß zum Beispiel nicht, was für ein barockes Bedürfnis Sie überkam, als Sie mich um ein Kinderbild baten. Erklären Sie mir doch, was Ihnen dabei durch den Kopf gegangen ist. Es war schwierig, eines zu finden. Bis zum fünften Lebensjahr war ich ein entzückendes Kind mit dem ein wenig konventionellen Gesicht, wie es Durchschnittsmüttern gefällt. Man riß sich geradezu um meine Fotos. Mit fünf Jahren, als mit meinen abgeschnittenen Haaren auch dieser flüchtige Glanz fortfiel, wurde ich häßlich wie eine Kröte, viel häßlicher noch als jetzt. Da wollte mich auch niemand mehr fotografieren, die empfindliche fotografische Platte könnte sich trüben, so wie grauenhafte Schauspiele bei schwangeren Frauen zu Fehlgeburten führen. Auch aus diesen beiden gegensätzlichen Gründen war es schwierig für mich, Fotos von mir zu finden. Meine Mutter hat zwar einige, aber sie hat sie mit letzter Kraft verteidigt. Sie lehnte sich an ihren Sekretär mit der tragischen Miene, den die französische Krankenschwester aufsetzt, wenn die Deutschen in den Keller wollen, in dem die französischen Verwundeten liegen. Ich mußte mich entfernen. Meine Großmutter war weniger widerspenstig, aber zu neugierig, was ich damit vorhatte. Schließlich habe ich eine Schublade aufgebrochen; ich habe dieses zu schöne Foto gefunden, das einen Byron (unausstehlicher Mensch) voraussehen läßt, aber gewiß nicht meine Wenigkeit. Glücklicherweise habe ich dort auch eine Scheußlichkeit gefunden, diese kleine Aufnahme, wo ich Faxen mache und noch häßlicher bin als in natura. Ich schicke sie Ihnen. Die Wahrheit liegt in der Mitte.

Ich beglückwünsche meine Schülerin, daß sie wieder Klavier spielt. Aber warum verachten Sie denn die Klarinette? Das ist ein wunderbares Instrument. In den Höhen klingt es wie eine reizende, näselnde, menschliche Stimme, die plötzlich aus einem Instrument kommt, als würde es lebendig; eine Art Blume, die aus einer Flöte dringt und bei den tieferen Tönen jäh wieder in sich zurückkehrt und plötzlich mechanisch wird. Die Wirkung ist überraschend. Die Stimme bricht, das Instrument erscheint wieder. Versuchen Sie doch, die Klarinette in den beiden Blues «Lonesome night» und «Shanghai Lullaby» zu hören; Sie werden sehen, das gefällt Ihnen.

Ihre Traurigkeit käme daher, sagen Sie, daß Sie ahnen, wie Ihr Leben wäre, wenn Sie keinen Erfolg hätten. Aber es wird nicht so sein, wenn Sie mir vertrauen. Ich möchte Ihnen eine Geisteshaltung vermitteln, mit der auch im mittelmäßigsten Leben Ihr Leben nicht gescheitert wäre, mit der Sie keine Madame Bovary wären, sondern eine Künstlerin ohne Bedauern und ohne Melancholie. Und Sie Undankbare sagen, daß ich kein Ziel für Ihre Aktivität finden kann. Dann finden Sie doch welche unter den Leuten, mit denen Sie Kontakt haben, die so viel für Sie getan haben, wie ich getan habe und, vor allem, wie ich tun werde.

Schreiben Sie ruhig, haben Sie keine Angst vor Wörtern, Sie werden ihnen mehr antun als sie Ihnen. Kümmern Sie sich nicht um sie. Sie müssen wissen, daß niemand genau das sagen kann, was er sagen will. Der Trick ist, dem Satz einen Anflug von Unvollständigkeit zu geben, von Geheimnis, von unendlicher Annäherung und damit den Leser anzuregen, ihn selbst, ohne die Wörter, zu vervollständigen. Da werden Sie sicherlich die Erfüllung finden.

Zum Praktischen.

1. Lassen Sie Ihre Mutter nicht zu viele Briefe an Tante Hélène schreiben. Sie ist in Paris gewesen und hat im Herzen meiner Mutter Verwirrung gestiftet, indem sie ihr Ihre Existenz entdeckte, mit Worten übrigens, die für mich kränkend waren. Sie geht geradezu auf die Suche nach Klatsch; sie sammelt kleine Scheißhaufen wie andere Blütenstaub. (Entschuldigen Sie den Vergleich, er ist geschmacklos, kommt aber aus ehrlicher Entrüstung.) Meine Mutter war im übrigen sehr würdevoll und unterstützte meine Reise nach Thiviers, so gut sie konnte.

2. Mein Onkel Joseph, den ich zweimal von meinem Kommen unterrichtet habe, gibt kein Lebenszeichen. Er hat einen sehr unschicklichen Abszeß, wird er mich empfangen wollen und können? Wenn er es nicht könnte, müßte ich im Hotel absteigen, und in diesem Fall brauchten Sie vielleicht, da Sie –

mit vollem Recht – auf menschliche Achtung Wert legen, Begleitung (Vater, Mutter usw.), aber das wäre nur ein Notbehelf, denn ich möchte Sie viel lieber allein sehen. Ich werde schwere Artillerie gegen meinen Onkel auf-fahren, das heißt meine Mutter, die das Thema der finanziellen Entschädigung an-schneiden wird, die ihm nicht gleichgültig ist. Ich werde Sie auf dem laufenden halten.

3. Kündigen Sie ihm Ihre Ankunft nicht an, bevor ich dort bin. Können Sie sie bis zum 20. verzögern? Ich habe bis zum 15. Scherereien, die mich in Paris oder Umgebung festhalten. Ich werde also am 15. nach Thiviers kom-men. Angenommen, daß die Reise nach Thi-viers nicht klappt, was nicht anzunehmen ist, dann denken Sie schon mal über einen Ort nach, wo ich Sie gegebenenfalls treffen könnte. Man muß mit allem rechnen.

Das Absenden meines letzten Briefes ist etwas dadurch verzögert worden, müssen Sie wissen, daß ich ihn zweimal von vorn anfing. Ich war überzeugt, daß ich Ihnen eine Ge-schichte, die ich in dem Brief schrieb, schon einmal erzählt hatte. Ich fürchte Wiederho-lungen. Ich wappne mich übrigens mit Philosophie: wir werden uns in Thiviers im bereits Gesagten festfahren, ich weiß es, obwohl wir uns viel Neues zu sagen haben: wir sind gewarnt, versuchen wir, das zu vermeiden. Im übrigen hätte ich diese abgedroschene Geschichte in meinen Brief aufnehmen sollen, das hätte Ihnen einen Vorgeschmack von der Ehe gegeben: ich habe x-mal erlebt, wie der Ehemann zum tausendstenmal Geschichten aus seiner Kindheit erzählte. Lernen Sie die bewundernswerte Haltung der Gattinnen in solchem Fall: sie lächeln, wenden nicht die Augen von dem Schwätzer ab, als hörten sie das alles zum erstenmal, sie scheinen solche Geschichten zu schätzen und verschweigen sorgfältig die ihren.

## An Simone Jolivet

Mein liebes kleines Mädchen

Ich habe mir schon lange gewünscht, Ihnen einmal zu schreiben, wenn ich von einem dieser Abende unter Kameraden zurückkomme, die ich bald in *Une défaite*\* beschreiben werde und an denen die Welt uns gehört. Ich wollte Ihnen meine Erobererfreude bringen und sie Ihnen, wie im 17. Jahrhundert, zu Füßen legen. Aber dann bin ich, müde von soviel Geschrei, doch immer schlafen gegangen. Heute tue ich es, um das Vergnügen zu spüren, das Sie noch nicht kennen: jäh von der Freundschaft zur Liebe, von der Stärke zur Zärtlichkeit überzugehen. Ich liebe Sie heute abend auf eine Weise, die Sie von mir nicht kennen: ich bin weder durch Reisen entkräftet noch von dem Wunsch nach Ihrer Gegenwart absorbiert: ich bin Herr meiner Liebe zu Ihnen und nehme sie wie einen Bestandteil meines Ichs in mich auf. Das passiert mir viel öfter, als ich es Ihnen sage, aber selten, wenn ich Ihnen schreibe. Verstehen Sie mich: ich liebe Sie, indem ich auf die äußeren Dinge achte. In Toulouse liebte ich Sie, ganz einfach so. Heute abend liebe ich Sie in einer *Frühlingsnacht*,

---

\* *Une défaite* (Eine Niederlage), ein Roman über die Leidenschaften Nietzsches und Cosima Wagners, der von Gallimard abgelehnt wurde.

ich liebe Sie bei offenem Fenster. Sie sind mein, und die Dinge sind mein, und meine Liebe verändert die Dinge, die mich umgeben, und die Dinge, die mich umgeben, verändern meine Liebe.

Mein liebes kleines Mädchen, ich sagte es Ihnen schon: Ihnen fehlt Freundschaft. Aber es wäre an der Zeit, Ihnen dazu einen praktischen Rat zu geben. Könnten Sie nicht *eine Freundin* finden? Es ist unmöglich, daß es in Toulouse kein intelligentes und Ihrer würdiges Mädchen gibt. Nur dürften Sie sie nicht richtig lieben. Sie sind leider immer bereit, Ihre Liebe zu geben, das ist das, was man von Ihnen am leichtesten bekommt. Ich meine nicht Ihre Liebe zu mir, davon spreche ich gar nicht, aber Sie sparen nicht mit sekundären Liebeleien, wie an dem Abend in Thiviers, als Sie diesen Bauern liebten, der in der Dunkelheit herunterkam und so schön pfiff und der, wie sich dann herausstellte, ich war. Lernen Sie dieses Gefühl der Stärke zu zweit ohne Zärtlichkeit kennen. Es ist schwierig, denn jede Freundschaft, auch die zwischen gesunden Männern, hat ihre Momente der Liebe. Wenn ich meinen niedergeschlagenen

Freund tröste, liebe ich ihn; Liebe ist ein leicht abzuschwächendes und zu veränderndes Gefühl. Aber Sie sind dessen fähig, und Sie *müssen* es kennenlernen. Haben Sie trotz Ihrer vorübergehenden Misanthropie schon einmal daran gedacht, was für ein schönes Abenteuer es wäre, durch Toulouse zu laufen und eine Frau zu suchen, eine Frau, die Ihrer wert wäre und die Sie nicht liebten. Kümmern Sie sich weder um das Äußere noch um die gesellschaftliche Stellung. Und seien Sie ehrlich bei der Suche. Und wenn Sie niemanden finden, dann machen Sie sich Henri Pons, den Sie kaum noch lieben, zum *Freund*.

Was ist für Sie vom Charakter Jean Douchez' zutage getreten? Haben Sie das kleine Bild gefunden? Ist er mehr wert, als Sie glaubten, oder weniger, und was für Gefühle haben Sie für ihn?

Ich schreibe Ihnen heute abend nicht mehr davon, denn ich gehe schlafen; und ich werde morgen nicht weiterschreiben, denn ich mag ebensowenig einen unfertigen Brief wiederaufnehmen, wie ich eine erloschene Zigarre wieder anzünde. Ich füge nur hinzu, daß ich einen *wunderbaren* Film gesehen habe, *Dé-*

*chéance* [Verfall] heißt er, und wenn er in Toulouse läuft, müssen Sie ihn sich ansehen.

Sie können das Buch von Lauvrière über Edgar Poe sehr wohl lesen. Und zwar so: es ist eine Doktorarbeit, und alle Doktorarbeiten sind in allen Stadt- oder Universitätsbibliotheken vorhanden. Bitten Sie Jean Douchez oder jemand anderen, sie Ihnen zu beschaffen.

Ich küsse Sie mit all meiner Kraft und all meiner Zärtlichkeit.


## An Simone Jolivet

Wie stolz Sie auf Ihre Logik sind. Sie sprechen nur noch von logischen Widerlegungen, Ihre Briefe sind strenge Argumentationen, Sie bringen «also» und «folglich» hinein, was das Vergnügen, das ich beim Lesen finden könnte, sehr beeinträchtigt. Verzichten Sie doch auf die Logik! Sie hat nie jemanden auch nur einen Schritt weitergebracht. Suchen Sie Widersprüche soweit wie möglich zu vermeiden, aber wenn Sie mal einen finden, haben Sie keine Angst davor, sie beißen nicht. Es gibt so viele! Die 5 oder 6 großen Philosophen, die ich laut Studienplan in diesem Jahr studieren mußte und die sehr gut waren, wimmeln von Widersprüchen. Aber das störte sie überhaupt nicht. Obwohl sie nur für ihr System lebten, konnten sie mit diesem widersprüchlichen und unzusammenhängenden Denken in sich in Frieden leben, und manche, wie Platon und Descartes, haben das schönste Leben der Welt gehabt (ich werde Ihnen das von Descartes erzählen, um Ihnen einen Mann außerhalb der Liebe zu zeigen); und wer hat ihre Widersprüche entdeckt? Schwärme von Schulmeistern, die sich über ihre Werke hergemacht haben. Erinnern Sie sich, daß die Logik das Brot der ohnmächtigen Intellektuellen ist. Suchen Sie auf anderen Wegen, *ohne Beweisführung*, nach Ideen. Sie werden sehen, sie kommen von ganz allein. Man betrachtet ein Bild in Gedanken, man spürt plötzlich etwas in sich anschwellen wie eine Blase, eine Art Richtung auch, die einem gewiesen wird, schon ist fast alle Arbeit getan, man muß nur noch explizieren. Um Ideen zu finden, muß man auf Logik verzichten, sie ist etwas Künstliches, vom Wahren Entferntes. Wir werden noch darüber sprechen. Aber tun Sie mir keine scholastische Argumentation mehr an. Ich habe Ihnen noch einen größeren Vorwurf zu machen: Sie schreiben mir, daß Sie traurig seien und daß mein Buch Sie traurig mache. Hoffen Sie, mich zu rühren mit dieser interessanten Haltung, die Sie zuerst vor sich selbst und dann vor mir einzunehmen geruhten? Früher habe ich selbst zu solchen kleinen Komödien geneigt, ich bin traurig gewesen aus allgemeinen Gründen wie Sie, ich habe über die Kleinlichkeit der Menschen geseufzt oder über meine moralische Einsamkeit als Unverstandener (!). Jetzt hasse und verachte ich alle, die sich wie Sie ab und zu ein Stündchen Traurigkeit leisten. Was es mir verleidet hat, ist die schmähliche kleine Komödie, die man sich selber vorspielt und die zu dem Zustand körperlicher Mattheit noch hinzukommt. Man sagt sich, ohne recht daran zu glauben: «Vielleicht bin ich ja doch nichts wert» oder «Vielleicht werde ich mein ganzes Leben unglücklich sein». Ein reizendes und sehr seltsames Vergnügen, sich ein glanzloses Leben vorzustellen, während man das Gegenteil für

46

sicher hält. Man ist voller Selbstmitleid. Man ist unfähig, eine ernsthafte Anstrengung zu machen, zum Beispiel zu arbeiten. Traurigkeit paart sich mit Trägheit. Und dann glaubt man, für sich selbst Filmgesten machen zu müssen: man läßt sich körperlich völlig gehen, man läßt Gegenstände, die man hochgenommen hat, schwer fallen, um Gleichgültigkeit zu mimen; man seufzt auf eine bestimmte Art, wie Sie wissen, indem man den Mund verzieht, als wolle man ein i sprechen, man lächelt zuweilen herablassend oder melancholisch, zuckt alle fünf Minuten mit den Schultern wie jemand, der keine Zeit hat, sich mit solchen Bagatellen abzugeben, und der die Traurigkeit vertreiben will – aber man vertreibt sie nicht. Sie gefallen sich so sehr darin, daß Sie mir, der ich 500 km von Ihnen entfernt und sehr wahrscheinlich nicht in der gleichen Geistesverfassung wie Sie bin, schreiben: «Ich bin traurig.» Sie könnten auch die Ausländischen Höfe davon unterrichten. Diese Geistesverfassung ist wirklich merkwürdig. Sie hat tausend Nachteile. Der größte ist, daß sie die Sensibilität abstumpft. Wenn Sie dieses Spielchen einige Male getrieben haben, verlieren Sie die Leidensfähigkeit, eine Fähigkeit, die für Ihr Ziel unerläßlich ist. Nehmen Sie an, sie sei eine Bogensehne. Wenn Sie sie ständig spannen, leiert sie aus. Man sollte allerdings mindestens zweimal im Jahr leiden und immer dazu bereit sein. Denn das verändert sehr den Horizont, es vertieft unsere Selbstkenntnis und gewährt wirkliche Erfahrung (nicht diese abstrakte Erfahrung, die Sie mit Ihrer Sklavin[5] machen). Nun, ich habe viele melancholische Leute gekannt. Die meisten, innerlich zerfressen von einer grundlosen Traurigkeit, eigentlich einer spielerischen Traurigkeit, die sie nicht allzu ernst nehmen, sind nahezu unsensibel. Ihnen begegnen die schlimmsten Katastrophen, und sie nehmen sie hin, fast ohne etwas dabei zu empfinden. Das ist der schlimmste Grad von Verfall. Nehmen Sie sich davor in acht. Und achten Sie auch mal darauf: Traurigkeit geht zusammen mit Einbildung, mit Träumerei, und der muß man gehörig mißtrauen. Erin-

5  Zina, eine kleine Zigeunerin, die als Kind von Madame Jolivet adoptiert und mit Simone, die sie abgöttisch liebte, aufgezogen worden war.

nern Sie sich daran, was Descartes gesagt hat: «Ich kann wahrheitsgemäß sagen, daß die Hauptregel, die ich bei meinen Studien immer beachtet habe und von der ich glaube, daß sie mir am meisten genützt hat für den Erwerb gewisser Kenntnisse, die war, daß ich immer nur *sehr wenige Stunden täglich auf Gedanken verwendet habe, die die Einbildungskraft beschäftigen*, und sehr wenige Stunden jährlich auf solche, die nur die Urteilskraft beschäftigen, und daß ich meine ganze übrige Zeit der Entspannung der Sinne und Erholung des Geistes gewidmet habe, wobei ich damit befaßt war, es denjenigen nachzumachen, die, indem sie die Feuchtigkeit eines Holzes oder den Flug eines Vogels betrachten, sich davon überzeugen, daß sie an nichts denken.» Bemühen Sie sich darum, allerdings mit der notwendigen Einschränkung, daß dieser fliegende Vogel *Ihr* Vogel, dieses Holz *Ihr* Holz sein muß, und dazu muß man es nicht fühlen, sondern leicht verändern. Eine nebulöse Methode, sagen Sie? Ich werde Ihnen das alles erklären. Aber versuchen Sie es erst ohne mich. Traurigkeit, um darauf zurückzukommen, ist die Sache auf

49

der Welt, über die der Wille am meisten vermag. Wenn man Sie am Abend Ihrer Melancholie gezwungen hätte, Holz zu sägen, wäre sie in fünf Minuten verschwunden. Sägen Sie also, moralisch natürlich. Richten Sie sich körperlich wieder auf, stellen Sie die kleine Komödie ein, beschäftigen Sie sich, *schreiben Sie*: das ist das große Heilmittel für ein literarisches Temperament wie das Ihre; setzen Sie Ihren Roman fort, verwandeln Sie Ihre Traurigkeit, lassen Sie sie als Emotion eingehen in das, was Sie schreiben. Die Ergebnisse werden gut sein. Erwidern Sie nicht, die Melancholie gehöre zu Ihrem Jahrhundert: schließlich leben Sie in unserem. Passen Sie auf, daß Ihre naive Neunzehntes-Jahrhundert-Manie Sie nicht allmählich zur unangepaßten, *gescheiterten* Existenz macht. Seien Sie immer fröhlich. Wenn Sie eines Tages wirklich leiden, sagen Sie es mir. Ich habe gelernt zu trösten, denn ich habe, ohne bisher zu wissen, warum, unzählige Geständnisse zu hören bekommen. Das ist übrigens eine Frage, die ich mir oft stelle: warum ich sie so anziehe. Wenn Sie eine Lösung wissen, sagen Sie sie mir, das wird mir nützen. Ich werde jedenfalls meine ganze Tröstungskunst aufwenden, um Ihnen zu helfen, wenn es nötig ist, ebenso wie ich Ihnen mit allem, was ich weiß, diene. Ich bin im übrigen wie Sie der Meinung, daß Toulouse weit weg ist von Paris; alles was ich schreibe, ist kalt; ich drücke es schlecht aus, und Sie verstehen es nicht recht, Sie protestieren, ich verliere Zeit damit, Sie zu überzeugen; ich werde schnell und gut arbeiten müssen in Thiviers, um Ihnen das Elementarste von dem zu sagen, was ich Ihnen zu sagen habe.

Sie haben die Liebenswürdigkeit besessen, sich wegen der Sendungen, die ich an Sie schicke, Sorgen zu machen, Sie wollen mir die Mühe ersparen. Bald werden Sie mir ein Briefmarkenheftchen schicken, um mir das Porto meiner Briefe an Sie zu ersparen. Spüren Sie nicht, wie lächerlich und zutiefst verletzend das für mich ist? Es gibt nur eine Entschuldigung für Sie, nämlich daß es Ihnen zweifellos peinlich ist, Bücher bei sich zu haben, deren Herkunft Sie nicht rechtfertigen können. Sonst wäre es unverzeihlich. Hüten Sie sich, mir von Zeit zu Zeit ein Stück Zukker zu geben wie einem Pudel. Ich schicke Ihnen heute also keine Bücher – ich werde meine Sendungen unterbrechen, bis Sie mir gesagt haben, ob Sie mir diese charmanten Worte wirklich geschrieben haben, um mir Mühe zu ersparen, oder vielmehr, um Ärger zu vermeiden –, aber ich empfehle Ihnen ein Buch: *Les rêveurs éveillés* [Die erwachten Träumer] von Adrien Borel und Gil Rotin, erschienen bei den *Documents Bleus*, die die N. R. F.* herausgibt.

«Hat der Schüler den Meister noch nicht übertroffen?» Aber das wird er von selbst nie können. Man behält immer einen obskuren Respekt für den alten Pedanten, der einen zurechtgewiesen hat. Wenn ich Sie sehe, werde ich feststellen, was aus Ihnen geworden ist und ob Sie mich übertroffen haben. Der letzte Dienst, den ich Ihnen erweise, wird sein, daß ich Ihnen Ihre Überlegenheit über mich zeige.

---

* *Nouvelle Revue française,* 1909 gegründete literarische Zeitschrift, der seit 1911 ein Verlag, der Vorläufer von Gallimard, angeschlossen ist.

# An Simone Jolivet

Meine liebe Myette

Heute kein Brief von Ihnen, ich bin froh darüber, denn das hat mir bewiesen, daß mein Vertrauen und meine Freude echt sind. Der ganze Tag war nur eine Hymne zu Ihrem Lob und an die Freude.

Ich habe mich an eine komplizierte Theorie über die Rolle des Bildes beim Künstler gemacht, die sehr schön werden wird. Vielleicht habe ich, wenn sie abgeschlossen ist, eine komplette Ästhetik. Das wäre ganz lustig. Zum anderen habe ich das erste Kapitel von *Empédocle* beendet, wo Empedokles nach der Regel der Fastenpredigten: Hölle – Paradies den unglücklichen kleinen jungen Mann in den Schoß der Kontingenz sinken läßt und ihn vollends stumpf macht, indem er ihm das berühmte *Lied* vorsingt. Ich werde es Ihnen in fünf Minuten abschreiben (das *Lied*). Am 1. April etwa werde ich den *Empédocle* ganz fertig haben, und dann werde ich ihn Ihnen schicken. Heute nachmittag habe ich mit dem Tapir[6] von Stroheim gespielt. Ich habe ihn Lügner genannt. «Ich flehe Sie an, Monsieur, halten Sie mich nicht für einen Lügner.» Unbeteiligte, skeptische Miene. «Gut, ich glaube Ihnen, ich glaube Ihnen. Zurück zu Leibniz», «Ich flehe Sie an, Monsieur», «Ich glaube Ihnen ja, zurück zu Leibniz, sage ich.» Da hat er irgendeinen Gegenstand auf den Boden geworfen und gesagt: «Sie haben eine komische Art, den Leuten zu glauben.» Dann spielte er den Beleidigten. Ich habe mit meiner Stunde weitergemacht, als wäre nichts, und am Schluß, als er immer noch vor Wut fast erstickte und die Menschen ohne jede Milde verurteilte, sagte ich ihm: «Man darf nicht so streng sein. Jeder macht mal Dummheiten. Auch Ihr unsinniger Zorn vorhin…», «Monsieur, er war sehr berechtigt.» «Pah!» «Wenn das ein Freund getan hätte, ich hätte ihn geohrfeigt», «Nun, und warum haben Sie mich nicht geohrfeigt?», «Darum! Sie sind höher gestellt als ich. Sie mißbrauchen Ihre Situation, um mich

6 Albert Morel, der Sohn von Madame Morel *(diese Dame)*, dem Sartre Privatstunden gab.

zu beleidigen und mich wie ein Nichts zu behandeln.» Er spricht in solchen Fällen mit hoher, quengelnder Stimme. «Entschuldigen Sie, wenn man sich von jemandem beleidigt fühlt, steht man, wie groß die Ungleichheit auch vorher sein mag, auf gleicher Stufe mit ihm. Sie waren meinesgleichen, denn ich hatte Sie beleidigt. Sie hatten also ganz einfach nicht genug Mumm.» Er hat es schließlich zugegeben, und ich habe mich mit einer Predigt über die Lüge in allen Ehren zurückgezogen. All das gewinnt seinen Reiz daraus, daß ich von Anfang an überzeugt war, daß er mich nicht belogen hatte.

Nach dem Essen war ich im *Baronne*[7] mit Bédé und Larroutis, die vom Examen noch sehr mitgenommen und matt waren. Ihre Intelligenz blitzte erst wieder auf, als Herland uns von einem möglichen Militärgesetz berichtete, das uns zu Leutnants machen würde. Dann bin ich zu Broussaudier hinaufgegangen, wo er, Canguilhem und ich uns leise und mit geheimnisvoller Miene über das zunehmende Laster von Lagache unterhalten

7 Ein Café in der Nähe der Rue d'Ulm.

haben. Hier ist das Wetter, wie Sie es lieben: Regen und Wind. Ausgezeichnet, um über die Kontingenz zu schreiben. Ich kann nicht ohne Rührung daran denken, daß in einer Stunde die erste Zeile der ersten Seite *einer Jugend* geschrieben sein wird. Ich wünsche mir, sosehr ich kann, daß das, was Sie heute abend schreiben, schön sei. Stellen Sie sich bitte vor, ich stünde hinter Ihnen wie der Engel des Matthäus, schweigend, ohne Ihnen zu soufflieren, nicht so schön, der Veilchen nicht recht würdig, aber doch ein Engel.

## An Simone Jolivet

Nachdem ich vergeblich auf Ihre Empfangs-bestätigung gewartet habe, nehme ich an, daß Sie die Auszüge, die ich Ihnen schickte, nicht erhalten haben. Ich habe sie allerdings, praktisch veranlagt, wie ich nun einmal bin, wie einen Brief frankiert und in den Kasten für Drucksachen geworfen. Daraus sind zweifellos Komplikationen entstanden. Nennen Sie meine Briefe nicht mehr «kleine Vorlesungen». Sie wissen, daß ich weder als Schüler noch als Lehrer gelten will. Warum sollten Sie weniger als ich in der Lage sein zu sehen? Es genügt zu betrachten, der Ort bedeutet wenig. Was ist das für ein demütiger Ton am Ende Ihres Kärtchens? Ist das ironisch? In diesem Fall mein Kompliment, Sie machen Fortschritte. Oder ist es ehrlich? Dann ist es dumm; warum sollten Sie nicht stolz sein? Das ist die erste Bedingung für Erfolg. Übrigens, was unsere Beziehung angeht, werden Sie nie den einfachen Ton finden, der von (geheuchelter?) Unterwerfung wie von wütenden Vorwürfen gleich weit entfernt ist? Mir scheint, in Thiviers hatten wir ihn zeitweise gefunden – Sie mehr als ich: denn von mir weiß ich, daß ich es nie schaffen werde.

Sie werden mich immer hart, schroff, engstirnig finden mit meinen unglücklichen und unpassenden Sätzen.

In diesem Punkt könnten Sie mir einen Dienst erweisen: versuchen Sie meine Ecken abzuschleifen. Noch eine kleine Vorlesung über moralische Gesundheit. Das ist – von außen gesehen – die absolute Befreiung von allen gesellschaftlichen Zwängen: zuerst von der Moral: wenn Sie moralisch sind, gehorchen Sie der Gesellschaft. Wenn Sie unmoralisch sind, erheben Sie sich zwar gegen sie, aber auf ihrem Terrain, wo man mit Sicherheit geschlagen wird. Man soll weder das eine noch das andere sein, sondern darüber stehen. Dann von der gesellschaftlichen Ästhetik: ich habe Ihnen neulich davon gesprochen; von Freuden und Vergnügen, die Ihnen die Gesellschaft letztlich wie einen Knochen hinwirft: wenn Sie sich einen Ring oder irgendeinen Schmuck wünschen, denken Sie daran, daß Sie sich der Konzeption dessen unterwerfen, der ihn angefertigt hat, und dessen, der ihn verkauft, zweier Dummköpfe, die Sie ausbeuten. Wenn Sie davon nicht angewidert sind, weil Sie ihn wirklich *von sich aus* wollen, dann müssen Sie *alles* tun, um ihn zu bekommen. Was einen bei allen Vergnügen, die die Gesellschaft bietet, am meisten anwidert, ist, daß man, so tief man auch gefallen sein mag und welches Laster man sich auch zugelegt haben mag, *immer* jemanden findet, der es einem gegen Geld befriedigt, also einen Verkäufer. Der

«Koofmich» ist überall. Deshalb muß man es vermeiden, aus Snobismus, aus Müßiggang in gewisse Laster zu verfallen, nur weil man sie für elegant hält. Einer meiner Kameraden, intelligent und männlich, aber schwach, ist kürzlich beinahe homosexuell geworden, obwohl er die Männer nicht liebte, einfach weil er von homosexuellen Freunden umgeben war. Da dieses Begehren nicht aus seinem Innern kam, ihm von außen aufgedrängt wurde, wäre er sehr unglücklich und wahrscheinlich verloren gewesen. Ich habe ihn da herausgezogen, aber nicht ohne Mühe. Ich fürchte, daß Sie ein wenig diesen Weg gehen. Aber was Sie auch dazu sagen mögen, Sie haben einen stärkeren Willen als er, Sie werden schnell davon loskommen. Ich weiß nie, wie sicher diese Briefe sind und wie weit ich von Ihrem Privatleben sprechen kann, ohne Gefahr zu laufen, Ihnen zu schaden, wenn man sie Ihnen stehlen würde.

Aber Sie verstehen, worauf ich anspiele. Manche Zurschaustellung, wenn sie echt war, war nur Schwäche, Snobismus, Feigheit Ihrerseits, aber Sie haben sich wieder gefangen.

Man muß natürlich mit den anderen leben, *darf sich aber nie (selbst wenn sie schwächer sind als man selbst) so von ihnen beeinflussen lassen, so abhängig von ihnen werden, daß man sie nicht, wenn man will, zum Teufel schicken könnte.*

Wenn Sie sich einmal absolut unabhängig von der Gesellschaft gemacht haben, müssen Sie zwei große Fehler, die Sie haben, ablegen: zunächst die Melancholie. Ich für meine Person war bis zum letzten Jahr sehr melancholisch, weil ich häßlich war und darunter litt. Ich habe das völlig abgelegt, denn es ist eine Schwäche. Wer seine Kraft spürt, muß fröhlich sein. Und dann dürfen Sie nur das als Ideal behalten, was Sie aus eigener Kraft erreichen können: Ihr gegenwärtiges Ideal ist, von einem intelligenten, häßlichen Mann, einem Typ wie Charles Dullin, geliebt zu werden. Wenn das geschieht, was ich bezweifle, dann nicht dank Ihrer Bemühungen, sondern dank dem Zufall, der Sie mit diesem Mann zusammenführen wird.

Also haben Sie es nicht in der Hand, Ihr Ideal zu verwirklichen, folglich sind Sie unterlegen, da Sie etwas suchen, was Sie vielleicht nie finden können. Geben Sie es auf – zumindest im Moment –, und nehmen Sie sich ein Ideal, das Sie verwirklichen können, zum Beispiel, die größtmögliche Leistungsfähigkeit zu erlangen. Mit Willenskraft wird Ihnen das natürlich gelingen, also ist dieses Ideal eher eine Stärke, eine Hilfe für Sie als eine Bedrängnis, eine Schwäche. Geben Sie all die Träumereien im Mondschein und sonstwo auf, sie sind angenehm, aber Zeitverschwendung. Wenn Sie in sich die Stärke und die Heftigkeit der Leidenschaften entwickeln und dabei gleichzeitig alle Skrupel, alles *Mitleid* ersticken, dann werden Sie *absolut frei* sein.

In dem Moment werden Sie die *wahre Freude* kennenlernen. Ich nenne diesen Zustand moralische Gesundheit, denn es ist genauso wie körperliches Wohlbehagen, man spürt eine Kraft, als könnte man mit einer Hand die Straßenlaternen umbiegen. Ebenso hat man in diesem moralischen Zustand das Gefühl, daß man vor Gesundheit strotzt, daß man alles wagen kann, und das ist eine unendliche Freude. Genau wie bei den Kindern, die zwanzig Sous in der Tasche haben und von Schaufenster zu Schaufenster gehen, sich nicht beeilen, etwas zu kaufen, weil sie ganz sicher und ruhig in ihrem Glück sind, es zu *können*. Sie werden die Freuden des Inkognitos kennenlernen, das heißt, Sie werden lernen, gegenüber einschüchternden, angesehenen Menschen zu denken: das sind Hampelmänner, die Sie tanzen lassen können und die keine Ahnung haben, wer Sie sind. Sie werden das Gefühl haben, eine verborgene Macht zu besitzen, durch die Sie diese Leute umschmeißen könnten. Ihrer selbst sicher, macht es Ihnen dann viel mehr Spaß, unerkannt zu sein, als bewundert zu werden, und Sie werden noch freier sein.

Das ist moralische Gesundheit. Ich habe keine Zeit, Ihnen von den emotionalen Freuden zu sprechen, die Ihnen diesbezüglich erlaubt sind. Finden Sie sie allein, oder bitten Sie mich, sie Ihnen zu schreiben; denn man darf nicht glauben, moralisch gesund sein hieße kalt sein, man muß emotional sein (und auch ich bediene mich meiner Emotionalität), aber in bezug auf sich selbst, nicht auf die anderen. Übersteigern Sie Ihre Einbildungskraft, wenn Sie wollen, aber behalten Sie immer die Zügel in der Hand.

Falls Sie meine Sendung nicht erhalten haben, wiederhole ich eine Bitte, die ich darin äußerte: ich habe zu Ihnen offen über mein «Gefühlsleben» gesprochen, sprechen Sie über Ihres ebenso offen, und beschreiben Sie mir Ihren Verlobten (ohne Parteilichkeit in der einen oder anderen Richtung). Sagen Sie mir auch, was Sie in bezug auf ihn zu tun gedenken. Das ist wichtig, denn nach den allgemeinen Ratschlägen gibt Vautrin präzise und besondere Ratschläge, und wenn Sie die in Thiviers gefällte Entscheidung rückgängig machen sollten, wäre ich gezwungen, Ihnen andere Ratschläge zu geben.

# 1927

### An Simone Jolivet

[April]

Mon cher amour

Du liebst mich, und ich liebe Dich, und das Lama[1] ist ein Trottel. Alles, was er Dir gesagt hat, ist unsinnig. Wenn er wieder davon anfängt, stelle ihm bloß drei Fragen:

Was ist Liebe?

Was ist *einfache* Liebe?

Warum ist nur die *einfache*, sinnliche Liebe wahre Liebe?

Du wirst sehen, wie er sich bei diesen drei *einfachen* Fragen verheddert. Aber ich verstehe sehr gut, daß man mit Inès keine andere Empfindung hat als den sehr *einfachen*

---

[1] Spitzname von René Maheu, Normalien, Freund Sartres aus Toulouse, wo er Simone Jolivet begegnet war.

Wunsch, ihr Kinder zu machen. Ich entschuldige ihn also. Er hat die Manie, «den Frack des mondänen Psychologen anzuziehen», wie auf einem Plakat stand, das ein Loblied auf das Melodram *«L'enfer des pierreuses»* [Die Hölle der Strichmädchen] sang. Du warst übrigens ein wenig leichtfertig, als Du sagtest: «Die werden nie lieben.» Du liebst solche Ideen. Ich werde Dir in Toulouse genau das Gegenteil beweisen – lang und breit. Aber das ist eine andere Geschichte. Sprechen wir davon: ich sehne mich danach, Dich wiederzusehen, mein liebes kleines Mädchen, denn ich liebe (?) Dich leidenschaftlich. Ich möchte, daß wir uns am nächsten Montag sehen, am 2. Mai. Diesmal, denke ich, wirst Du frei sein. Bist Du einverstanden mit Viertel vor zwei in der *Maxim's Bar*? Du wirst diesen Brief am Donnerstag bekommen. Würdest Du so liebenswürdig sein, mir diesmal *ganz bestimmt* zu antworten, und sei es nur ein Wort am Donnerstag abend, denn ich muß es bis Samstag morgen wissen wegen der Vorbereitungen. Ich werde vier Tage und drei Nächte bleiben: von Montag bis Donnerstag abend zehn Uhr. Geht das?

Es gefällt mir nicht, daß Du sagst, Du «liebst mich mit der Leidenschaft der *Marietta*», die war ein leichtes Mädchen, das Fabrice nur vage liebte. Der Ausdruck «mit Leidenschaft lieben» stammt von einer alten Puffmutter, die ihm soviel Geld wie möglich abknöpfen wollte. Ich möchte aber, daß Deine Liebe zu mir der Sanseverinas zu Fabrice gliche. Findest Du diese Frau nicht wunderbar?

Ich weiß also nicht, ob ich Dich liebe, aber ich weiß, daß ich eine wahnsinnige Lust habe, Dich in meine Arme zu schließen, mein liebes kleines Mädchen, und daß Du das Wesen auf der Welt bist, dem ich am meisten verbunden bin.

Was denkst Du über *La chartreuse de Parme* [deutsch: *Die Kartause von Parma*]?

Grüße Zina, die ich mich freue bald wiederzusehen.

## An Simone Jolivet

Mon cher amour

Ich bin sehr schläfrig, und doch muß ich Dir dringend ein Wort schreiben, um Dir zu sagen, daß ich diese Woche kaum Zeit hatte, Dich anders zu lieben als mit einer ganz begrifflichen Liebe, die ich aber jetzt gänzlich wiedererlangt habe. Ich liebe Dich wie ich Dich an dem Nils-Holgersson-Abend liebte, mit derselben verhaltenen Zärtlichkeit und der Furcht, Dir weh zu tun, die mich veranlaßte, nur leicht Deine Finger zu berühren, was hundertmal süßer ist als die stürmischsten Liebestaumel, mein liebes kleines Mädchen aus Porzellan. Du siehst sicher aus wie ein kleines Mädchen mit einem ganz kleinen in Falten gezogenen, zerknitterten Gesicht und gerümpfter Nase. Ich bedaure Dich sehr, weil Du Kopfweh hast, und erlaube Dir, eine Zeitlang alle gefühlte Liebe zu mir einzustellen.

Der Mensch mit der berühmten «Arbeitswut» quält sich ab, mehr als eine Viertelstunde täglich zu arbeiten. Vergeblich. Aber bald wird sie wieder erwachen, meine Arbeitswut, wie meine Liebe zu Dir wiedererwacht ist. Und wenn sie ihre Kraft und Jugend (die meiner Liebe zu Dir) hat, wird der Tag nicht genug Stunden haben, und ich muß jeden Tag auf den nächsten vorgreifen und montags eintragen: 24 ½ Stunden Arbeit – dienstags: 24 ¾ Stunden usw., um meinen Arbeitshunger zu befriedigen.

Ich liebe Dich leidenschaftlich.

Ich habe bei Morels Zwiebeln geschält, während der Tapir ein Omelette machte, daher tränen meine Augen, als hätte ich sie gerieben, und meine Finger stinken.

Hast Du *La jeunesse de Stendhal* [Stendhals Jugend] von Arbelet gelesen? Kannst Du noch lesen? Ich bedaure Dich von ganzem Herzen.

Guille [2] ist in Madame Morel [3] verliebt.

(Tripot!)
S.

2 Normalien, Sartres bester Freund in dieser Zeit.
3 Von der ich in *La force de l'âge* unter dem Namen Madame Lemaire ausführlich gesprochen habe.

# An Simone Jolivet

[25. Mai]

Mon cher amour

Ich will Dir von einem schönen Streich erzählen, aber zuerst mußt Du wissen, daß ein gewisser Lindbergh allein im Flugzeug den Atlantik überquert hat und daß das eine schöne Leistung ist. Alle Zeitungen reden davon, aber Du würdest Dich eher erschießen lassen, als es zu wissen. Wisse also, daß dieser junge Mann als Gegenstand der Bewunderung der Pariser im Gefolge von Persönlichkeiten des öffentlichen Lebens überall herumgeschleppt wird; daß man ihn mit Ehren überhäuft und daß er in die Ehrenlegion aufgenommen worden ist. Höre weiter, daß die Presse sich anläßlich eines ähnlichen Fluges, den Nungesser und Coli versuchten, bis auf die Knochen blamiert hat, da sie ihre Ankunft in New York bis ins kleinste Detail beschrieb, obwohl sie überhaupt nicht dort ankamen, sondern wahrscheinlich im Atlantik ertrunken sind. Wir, Larroutis, Baillou, Herland, Nizan und ich, hatten also die Idee zu einem schönen Streich. Wir riefen im Namen der Schulverwaltung alle Abendzeitungen an, daß «der Disziplinarausschuß der École Normale Superieure einstimmig beschlossen habe, Lindbergh für seine Leistungen den Titel ‹Ehrenschüler› zu verleihen». Das ist sofort überall veröffentlicht worden, und der Verwaltungsdirektor hat zwei Tage lang am Telefon gehangen, um zu dementieren. Aber das schönste ist, daß heute morgen in *Le Petit Parisien* eine Notiz erschien: «Lindbergh wird heute morgen um 9 Uhr 30 in der École Normale Superieure sein»; und um 9 Uhr 30 waren 500 Leute vor der École, jede Menge Ordnungsdienst, Polizisten, Fähnchenverkäufer, Journalisten. Nachdem wir sie so an der Nase herumgeführt hatten, ließen wir Bérard, der ihm ein wenig ähnlich sieht, an einer Gaslaterne der Rue Rateau hinunterklettern, und eine Viertelstunde später kam er im Taxi. Sofort Ovationen unsererseits, wir haben ihn auf die Schultern gehoben und im Triumphzug durch die Menge getragen. Das Publikum ist drauf reingefallen, und ein alter Herr hat ihm die Hände geküßt. Währenddessen intonierten im Musiksaal das

Klavier und zwei Geigen die Marseillaise, und man sang bereitwillig mit. Allmählich zerstreute sich die Menge, und um 10 Uhr 45, als Bérard wieder heraustrat, um in eine Vorlesung zu gehen, waren nur noch drei Polizisten da, die ihn den ganzen Morgen beschatteten. Abends berichteten die Zeitungen von der Szene, bemüht launig und mit ein paar Perfidien gegenüber Lanson. Dieser hat wegen dieser Affäre und wegen des Protestes und weil er sich schon seit einiger Zeit zurückziehen wollte, seinen Rücktritt eingereicht.

Findest Du das nicht auch sehr lustig? Du kannst es Maheu erzählen, um ihn zu erheitern, wenn Du ihn siehst.

Übrigens hat sich Nizan ein schönes dickes Heft gekauft, um seine kleinen Werke hineinzuschreiben. Ich verging vor Neid, aber ich bin zur Zeit etwas knapp bei Kasse und wollte mir aus Sparsamkeit keins kaufen. Er hat es bemerkt, und ich habe eben auf meinem Tisch genauso ein Heft gefunden, auf dem steht:

J.-P. Sartre
Aufzeichnungen
Geschenk von P. Y. Nizan an
seinen alten Freund Sartre
25. Mai 1927

Ich bin sehr empfänglich für solche Aufmerksamkeiten, es hat mich gerührt. Er hat zwar 3 Kragen von mir verloren, aber trotzdem war er ein wenig eine Martha, er, der so sehr eine Magdalena ist, und das wird ihm angerechnet werden.

Ich gehe diesen Sommer nach Genf, habe ich Dir das gesagt? Dort werden verschiedene Leute über den Völkerbund sprechen, und ich werde es mir anhören. Es wäre angenehm, wenn ich nicht die Begleitung Lagaches ertragen müßte.

Chadel ist Soldat in Mainz. Begraben.

Madame Morel offenbart uns allmählich eine Sexualität, die man ihr auf den ersten Blick abgesprochen hätte. Wohin soll das führen? (Ich spreche für Guille.) Sie hat mir etwas beigebracht, was ich von Dir nicht lernen wollte, weil Du mich zu sehr berührst: wie gleichgültig Frauen gegenüber den *tioto-*

*cini** sind, wenn sie nur zahlen und einem dazu verhelfen, Dinge *zu sehen*. Sie hat drei Monate lang, nur um Florenz zu sehen, die Begleitung eines Schwagers ertragen, eines rotgesichtigen, plumpen Mortimer[4] (der sie übrigens liebt). Die ständige Anwesenheit des Kerls belastete sie überhaupt nicht: sie bemerkte ihn nicht einmal. Das ist bei Frauen ganz allgemein so, glaube ich. Ich muß mir das klarmachen, um Dich zu verstehen.

Ich liebe Dich mit Gelassenheit und Freude. Mein Leben ist glücklich und zufrieden: ich esse, ich gebe mehr aus, als ich habe, ich bin von schnurrigen, lustigen Wesen umgeben, ich denke nicht, ich arbeite überhaupt nicht, aber ich habe diese Ruhe verdient. Wird man mich beim Examen durchfallen lassen? Aber was ist schon ein Examen? Ich freue mich, wenn ich daran denke, daß ich in vierzehn Tagen mein klei-

* Dicke, fette Onkeltypen (span.).
4 Anspielung auf Cocteaus Mythologie der Eugène, Mortimer usw., die er in *Le Potomak* [deutsch: *Das Potomak*] entwickelt.

nes Mädchen wiedersehe. Möge es ihr bis dahin besser gehen.

Ich küsse Dich.

Übrigens, ich war heute im Salon der Morels der Prototyp eines von Stroheim. Diese Leute bringen mich mit vielen Menschen zusammen, und das nützt mir.

# 1928

## An Simone Jolivet

[Sommer]

Mon cher amour

Du wirst Klagen gegen mich konstruieren, nicht, weil ich Dir nicht schreibe, sondern weil Du annehmen mußt, daß ich Dir als Vergeltung so lange nicht geschrieben habe. Ich sehe ein, das wäre «gemein, schändlich und kleinlich». Ich sehe aber auch, daß Du mir früher hättest schreiben können, ohne den Eindruck zu erwecken, Du würfest Dich mir an den Hals. Aber ich habe keinen Augenblick daran gedacht, Dir böse zu sein, denn Du weißt, daß ich auf dem Wege zur Weisheit bin; obwohl ich in vieler Beziehung noch Mensch bin. Weisheit wäre: alles, was meine Freunde tun, mit Gleichmut aufnehmen. In bezug auf Nizan und Dich habe ich sie schon erreicht. Ich werde Dir eines Tages davon erzählen, aber vor allem wirst Du es an der Beständigkeit meiner guten Laune sehen. Tatsächlich habe ich Dir nicht geschrieben, weil ich schriftliches Staatsexamen hatte und deshalb acht Tage lang geradezu Deine Existenz vergessen habe. Ich war wie betäubt – ziemlich unzufrieden – und besorgt. Aber mit den schönen Tagen bist Du wiedergekommen, denn ich will Dich nicht mehr als Gefährtin der schlechten Tage. Das ist eine Nutzanwendung aus jenen Überlegungen, die wir über die Schweine von Ehepaaren anstellten, die wagen, sich das Bett zu teilen (gerade zu der Zeit, als wir sehr gut zusammen schliefen – aber in welcher Stimmung). Im Grunde ist es genauso schmutzig, sich moralisch zu dekuvrieren. Neulich erzählte ich Guille, wie wir uns gegenseitig belogen haben, als der eine verächtlich von dem pseudo-sagenhaften Essen im *Coq Hardi* (oder *Coq d'Or* oder *Coq Gallois*) sprach und der andere die kulinarischen Schätze seines Kellers (oder seiner Speisekammer) rühmte, und da er das charmant fand, habe ich schon gedacht, daß wir uns da sehr dumm angestellt haben und daß eine latent dramatische Stimmung bei mir und eine latent wahnhafte bei Dir uns daran hinderte, aus unserer Liebe ein sehr schönes Spiel zu machen. Alles, was ich Dir gesagt habe an dem Abend, als ich Dir *La ville dans les airs* [Die Stadt in den Lüften] (ich glaube, es hieß anders) vorlas, war schamlose Lüge, denn ich wollte Dich durch dieses Spielversprechen zu einer ernsthaften Liebe zurückbringen. Aber heute bin ich sehr ehrlich, und vor allem bin ich noch bezaubert von der letzten Nacht, wo ich Dich gesehen habe und ich – sehr schlecht – Stève Passeur war, und wo Zina mir von Deinem Namenstag erzählte, daß Du so schöne Masken getragen hast. Ein sehr schönes Bild von Dir habe ich sogar behalten, mit dieser Männermaske, die Beine gespreizt und nackt bis zu einem weiblichen Geschlecht, genau wie die Beine Achills oder des bärtigen Oedipus, nackt bis zu einem kurzen Mantel, zart und weiß, auf den griechischen Vasen. Über das Geschlecht dieser Männer kann ich übrigens nichts sagen, denn ich kenne die griechischen Vasen nur von Reproduktionen in Schulbüchern, wo die besagten Geschlechtsteile grausam unterschlagen wurden. Wenn ich im Moment an Dich denke, dann vor allem in dieser Maske und auch, insofern Du Dorothée Reviers ähnelst, die die Huren in *Épaves vivantes* [Lebende Wracks] (Vitaphone-Tonfilm) spielt. Ich liebe Dich wie einen Mécano-Baukasten. Aber ich mache bei allen Spielen mit, auch bei den schönsten, mon cher amour. Nicht nur beim Stève-Passeur-Spiel – auch beim *La-Célestine*-Spiel.

Stell Dir vor, ich habe in den *Dialogues* von Fléchier (ein Autor des 17. Jahrhunderts) gegen den Quietismus folgenden Vers gefunden:

*Les Marthes quelquefois valent bien les Maries*
[Eine Martha hat manchmal den Wert einer Maria]

Er ist übrigens recht schlecht – so schlecht, daß ich nicht sicher bin, ob ich ihn richtig zitiere.

Ich denke, Zina gibt ihren Körper allem, was menschlich ist, in der Nachbarschaft hin, um Dir angemessen zu Deinem Namenstag

78

gratulieren zu können. Wenn ich Dir gratulieren wollte, wie Du es verdienst, müßte ich es genauso machen, weil ich kein Geld habe. Aber wenn Du in diesem Moment in Paris wärst, würde ich Dir einen der Veilchensträuße kaufen, bei denen «es nur auf die Absicht ankommt» und die Dich – als einzige – rührten, als wir in Paris waren.

Ich hoffe, mon cher amour, daß ich Dich bald sehen werde, denn der Monat ist bald zu Ende, und Du wirst nach Toulouse zurückmüssen, denke ich. Ich werde sehr glücklich sein, Dich wiederzusehen, und seit ich wieder an Dich denke, wünsche ich mir vor allem das. Du kannst mir bei der Gelegenheit vielleicht eine *Célestine* kaufen.

Ich liebe und umarme Dich.

# 1929

*Die Briefe, die Sartre mir im Sommer 29
schrieb, sind verlorengegangen.*

## An Simone de Beauvoir

Kleiner reizender Castor

Wollen Sie so gut sein und heute morgen
meine Wäsche (unterste Schrankschublade)
in die Wäscherei bringen? Ich lasse den
Schlüssel unter der Matte.

Ich liebe Sie zärtlich, mon amour. Sie hatten gestern ein bezauberndes kleines Gesicht,
als Sie sagten: «Ach, Sie hatten mich angeschaut, Sie hatten mich angeschaut», und
wenn ich daran denke, zerspringt mein Herz
vor Zärtlichkeit. Auf Wiedersehn, kleiner
Guter.

# 1930

## An Simone de Beauvoir

Meine kleine morganatische Ehefrau

Ich komme Mittwoch um 12 Uhr 15 am Austerlitz-Bahnhof an. (Überprüfen Sie die Zeit – dann kommt Ihre Schwester mal an die Luft. Nein, ich habe Gewissensbisse. Der Fahrplan ist in der Schublade des Tisches, an dem ich schreibe, ich werde selbst nachschauen: zwölf Uhr dreizehn), und ich wäre glücklich, wenn Sie einen Moment Zeit hätten, um mich am Bahnhof abzuholen. Im übrigen gedenke ich, sechs Tage in Paris zu bleiben.

Wenn Sie frei über Ihre Zeit verfügen, könnten wir ein paarmal zusammen ausgehen.

Ich empfehle mich Ihnen.

PS: Ich habe, mon cher amour, den Abriß Ihres 1. Kapitels gelesen.[1] Wenn sein Stil genauso einfach ist wie der Ihres Briefes – und nichts sonst –, wird es ganz ausgezeichnet.


## An Simone de Beauvoir

Mein süßer Castor

Hier ein paar zärtliche Worte, einfach so und nur, um Ihnen zu sagen, daß ich Sie von ganzem Herzen liebe. Es ist drei Uhr, man kann mich, wenn man will, um elf Uhr wecken, aber nicht früher.

Ich liebe Sie.

---

1 Einer meiner Romane, die mißlungen sind.

## An Simone de Beauvoir

Saint-Symphorien [2]

Mon cher amour

Es gewittert, und meine Augen sind fixiert auf die Vergangenheit, auf all die mit Ihnen verbrachten schönen Tage und auf die unmittelbare Zukunft, all die Tage, die ich hier herumsitzen werde und die sich alle gleichen werden. Ich weiß nicht, ob man von einem höheren Standpunkt her Vergnügen aus der Betrachtung des Gesetzes von der ewigen Wiederkehr ziehen kann. Aber ich habe die Perspektive einer ewigen Wiederkehr vor mir oder zumindest einer, deren Zyklen meine Vorstellungskraft so übersteigen, daß ich sie als ewig ansehe. Bedenken Sie, daß mein hiesiges Leben bis in die Einzelheiten so gut, auf die Minute, geregelt ist, daß ich ganz sicher weiß, daß ich in acht mal vierundzwanzig Stunden, um 18 Uhr 15, wieder auf den gleichen Empfang schalten werde, der mit den

---

2 Wo Sartre seinen Militärdienst als Meteorologe machte.

gleichen Zahlen beginnen wird, nachdem ich die gleichen Handgriffe ausgeführt habe. Sicher, das könnte nur etwas Mechanisches sein, aber ich weiß auch, daß die gleichen Gedanken wiederkommen werden, die gleichen Hoffnungen und Verzweiflungen und all diese schizophrenen Konstruktionen, denen ich, wie ich gemerkt habe, immer mehr Glauben schenkte. Ich verfalle dadurch in den Zustand aller Eingesperrten.

Aber ich wollte Ihnen sagen, daß das Gewitter und die entsetzte Betrachtung der Öde der kommenden Tage mich in eine Art nervöse Erregung versetzt haben, die eigentlich Langeweile ist. Langeweile kann nicht die Starre sein, in die ich hier oft verfalle und in der die Stunden vergehen, ohne daß ich es merke. Das Bewußtsein ist dabei verringert, und der Körper treibt passiv wie der des Schwimmers, der von einer Alge erfaßt ist, widerstandslos in der Strömung. Aber wenn der Schwimmer mit den Füßen schlägt, zieht sich die Schlingpflanze enger zusammen, wie jeder weiß, und genau das ist die Langeweile: diese Erregung, über die man nicht Herr ist und die einen dazu treibt, mit den Füßen zu schlagen, während ein ungreifbares, sicheres Band einen ganz allmählich sanft nach unten zieht. Ich schlug tatsächlich mit den Füßen auf das Bett, auf dem ich lag, und strampelte mit den Beinen und wälzte mich von links nach rechts, vor lauter Nervosität bemüht, auf tausend Arten zu agieren, und sehr wohl wissend, daß ich im Moment tief unter der niedrigsten solcher Handlungen stand. Der Versuch zu handeln hieße sofort auf eine Unmöglichkeit stoßen: fünf Zeilen irgendeiner Abhandlung schreiben, sie durchlesen und gleich wieder weglegen. Aber selbst wenn alle Kräfte meines Seins sich zu verschwören schienen, mich aus dem Bett springen zu lassen – sobald ich den Versuch machte, mich im Bett aufzusetzen, gelang es mir kaum, die Brust zu wölben, und es bedurfte einer bestimmten Arbeit, einer Sendung, damit ich endlich aufstehen konnte. In einem solchen Fall wäre es, glaube ich, am besten, spazierenzugehen, um zumindest die Muskeln zu beruhigen, die von den Nerven gereizt werden. Aber es regnet, und außerdem darf ich nicht weggehen. Also schreibe ich Ihnen: der Kern meiner Nervosität war, zu glauben, daß ich all die besonderen kleinen Gedanken, die ich mir über meinen momentanen Zustand und tausend einzelne Gegenstände zu machen noch die Kraft hatte, in einer allgemeinen, universellen Formel zusammenfassen, das heißt sie in ein paar kleine Gedichte einfließen lassen könnte. Aber ich bin noch nicht benebelt genug, um nicht zu wissen, daß sie sich – bei den wenigen Kräften, über die ich gegenwärtig verfüge – in Sprichwörter auflösen würden, sobald sie sich dem Allgemeinen näherten; denn das Schwierige ist ja, das Sprichwort nur zu streifen und nicht in es zu verfallen, wenn man zu einem Publikum im konzeptuellen Sinn von sich sprechen will. Wenn man sie dagegen so läßt, wie sie sind, nämlich als echte Ideen, aber spezielle Ideen, wird es das beste Mittel gegen meine Nervosität sein, sie Ihnen mitzuteilen. Und daraus ersehen Sie, warum ich Ihnen sagte, daß es mir, als ich schreiben wollte und nicht konnte, Spaß machte, Ihnen einen Brief zu schreiben.

Ihnen sagen, was ich denke, schreiben, wie man spricht, paßt genau zu diesem Zustand zwischen Macht und Ohnmacht, in dem ich mich befinde, und es fehlt nur wenig, daß meine kleinen persönlichen Sorgen zu etwas Allgemeinem werden, weil diese Sorgen schwer nach Ideen riechen. So werden Sie sich über meinen Alltagszustand hier klar, obwohl er weniger ausgeprägt und weniger schlimm ist als heute abend. Ich beurteile meinen Fall gut, ich finde mich intelligent, ich setze mich an meinen Tisch und möchte über den Fall eines notwendigen Jean-Paul Sartre sprechen, der für meine Eindrücke und Gefühle wäre, was Spinozas Attribut für die Modi ist, die es umfaßt. Und dann: Sense, ich schreibe «großes hohles Nasenloch» und bin unzufrieden. Aber jetzt bin ich mir dessen ganz bewußt. Von nun an werden Sie in einem solchen Fall einen Brief von mir bekommen. Er wird von dunkler, trockener Prosa sein, uninteressant für meinen Castor, aber er wird vielleicht Mademoiselle Simone Bertrand de Beauvoir, der glänzenden Akademikerin, ein wenig Spaß machen.

# 1931

## An Simone de Beauvoir

Hotel Pritania[1]
rue Ch. Laffitte
Freitag, 9. Oktober

Mon cher amour

Als ich gestern abend nach Hause kam,
habe ich Ihren Brief gefunden. Wie bin ich
froh. Nie denke ich an Sie mit Traurigkeit,
sondern immer als an eine kleine Person, die
sich gut amüsieren soll, sicher genauso, wie
meine Mutter während meiner Spanienreise
an mich gedacht haben wird. Aber, o Teil
von mir, der sich amüsiert, der Rest «meiner
Person» langweilt sich auch nicht. Wenn Sie
lange Briefe lieben, so scheint es, daß dies
einer wird, denn ich habe Tinte und Muße.

[1] Sartre war Lehrer in Le Havre.

Aber bilden Sie sich ja nicht ein, wie Sie es offenbar tun, daß alle so sein werden. Sie profitieren von einer totalen Panne auf literarischem Gebiet. Das habe ich Ihnen schon gesagt.

Ich übergehe den Montag: fünf Stunden Unterricht, Nachhilfeschüler. Früh ins Bett. Dienstag war der Mustertag eines kleinen Lehrers, derart exemplarisch, daß Guille in Reims genau den gleichen verbrachte. Morgens habe ich wie üblich unterrichtet: ich trödle bei den Methoden in der Psychologie herum, weil ich zu faul bin, gewisse präzise Kenntnisse zu lehren, die nötig wären, um weiterzugehen. Ich gab noch eine Nachhilfestunde. Um 12 Uhr 50 bin ich ins Restaurant essen gegangen. Es liegt neben dem Bahnhof, in dem Viertel von Le Havre, das ich so liebe und von dem ich beschlossen habe, daß es in dem *factum* über die Kontingenz auftauchen soll. Gewiß, dort ist alles kontingent, selbst der Himmel, der nach meteorologischer Wahrscheinlichkeit der gleiche ist wie über der ganzen Stadt Le Havre: aber dem ist nicht so. Habe ich gut oder schlecht gegessen? Ich weiß es nicht, weil ich erkältet bin.

Was man mir serviert, sieht nicht allzu gut aus, und jetzt, da meine Nase wieder frei wird, fürchte ich, am Montag einen Geschmack vorzufinden, der mich abschreckt. Kurz, morgens lese ich (spanische Angewohnheit), kaue irgendwas, trinke einen Kaffee im Hotel *Terminus*, wo Sie eine Nacht verbrachten. Aber der Tag danach, der Dienstag, ist lang, weil ich keinen Unterricht habe. Ein unmerkliches Verlangen zog mich vom Hotel *Terminus* in mein Zimmer und in meinem Zimmer in mein Bett. Auf dem Bett einen Augenblick tändeln, mir Castor in Marseille vorstellen, mir die Sonne denken, von der Sonne träumen, schlafen. Um halb vier bin ich aufgewacht. Ich schämte mich ein wenig wegen meines noblen Schriftstellerberufs. Denn schließlich, wenn man die Wörter wörtlich nimmt, sollte ein Schriftsteller schreiben. Aber das ist überhaupt nicht mein Fall. Trotzdem habe ich dann den Beschluß gefaßt, diese verfluchte Wahrnehmung, die mir überhaupt keinen Spaß macht, zu lassen und mit der Kontingenz anzufangen. Ich bin bei einem Viertel Regen und drei Vierteln Sonne losgegangen. Ich habe die Rue Émile

Zola gesucht. Ich hatte tatsächlich eine Nachricht von der Witwe Dufaux erhalten, die Morel ein Zimmer vermietet hatte, das ich, wie Sie wissen, nicht nehmen wollte. Sie hört nicht auf diesem Ohr und hatte mir einen Brief geschrieben, in dem die Häufung von Partizipien, die sich aufs Objekt bezogen, obwohl sie am Anfang des Satzes standen, mich von vornherein verstimmt hatte. Trotzdem hat mich der Wunsch zu sparen (ich möchte dieses Jahr aus dem Sparen eine Kunst machen) dazu gebracht, mir die Örtlichkeiten anzusehen. Ich kam zum Boulevard François Ier (Sie kennen ihn). Ich habe in einem Winkel ein bürgerliches Haus gefunden, ich bin in ein bürgerliches Vestibül eingetreten, das in bürgerliche Finsternis getaucht war. Plötzlich ist mir Ihre Großmutter erschienen, o teurer Castor. Noch ein Dienst, den Sie mir erwiesen haben. Für mich, es muß Ihnen gesagt werden, ist sie typisch für eine Witwe und für menschliche Gemeinheit. Der Gedanke, bei einer ganz ähnlichen alten Frau zu leben, hat mich die Flucht ergreifen lassen. Ich habe der Witwe Dufaux einen schönen Brief geschrieben, ich werde nicht zu ihr gehen.

Danach habe ich mir leichten Herzens einen Baum angeschaut. Dazu muß man nur das Türchen einer schönen Anlage an der Avenue Foch aufstoßen und sich sein Opfer und einen Stuhl aussuchen. Dann schauen. Nicht weit von mir legte die junge Frau eines Offiziers auf großer Fahrt Ihrer alten Großmutter die Nachteile des Seemannsberufes dar, Ihre alte Großmutter nickte, um zu sagen: «So ist das mit uns.» Übrigens war das vielleicht Madame Dufaux. Und ich betrachtete den Baum. Er war sehr schön, und ich scheue mich nicht, hier diese beiden wertvollen Angaben zu meiner Biographie zu machen: in Burgos habe ich verstanden, was eine Kathedrale ist, und in Le Havre, was ein Baum ist. Leider weiß ich nicht, was für ein Baum es war. Sie werden es mir sagen: Sie kennen diese Spielzeuge, die sich im Wind oder wenn man sie ganz schnell bewegt, drehen; er hatte überall kleine grüne Stengel, die mit sechs oder sieben ungefähr genauso angeordneten Blättern ihren Spaß trieben. Ich warte auf Ihre Antwort[2]. Anbei eine kleine Skizze.

2 Es war eine Kastanie.

Als ich nach zwanzig Minuten das Arsenal an Vergleichen ausgeschöpft hatte, um, wie Madame Woolf sagen würde, aus diesem Baum etwas anderes zu machen, als er ist, bin ich mit gutem Gewissen gegangen und habe in der Bibliothek die *Samedis* von *Lancelot*\* gelesen (feinsinnige Bemerkungen von Abel Hermant über die Grammatik). Danach habe ich im Kino *Contre-enquête* gesehen, was ich nicht mochte. Und am selben Tag, zur selben Stunde frühstückte Guille, schlief, ging in den Film *Rive Gauche*, den er nicht mochte. Am Mittwoch habe ich Unterricht gegeben, dann bin ich in den Zug gestiegen, bin in Paris angekommen, wo die gute Schwester mich in Tränen aufgelöst erwartete. Sie hatten ihr Herz gerührt, indem Sie sie so drängten, nach Marseille zu fahren, wäh-

\* Samstägliche sprachkritische Kolumne, die Hermant unter dem Pseudonym Lancelot veröffentlichte.

rend sie letzten Endes keinen Sou hatte. Ich habe getröstet, fünfhundert Francs versprochen; sie hat gestrahlt, ich bin mit ihr in ein kleines Café gegangen, wo sie Ihre Briefe las und kommentierte, wobei sie auf der Episode mit dem alten Engländer insistierte und mir erklärte, alle betrögen mich und das würde noch schlimmer, wenn Sie beide in Marseille wären. Ich ließ sie Ihnen fünfzehn Seiten schreiben, habe mir ein Taxi genommen und einen schläfrigen Guille, eine muntere Dame, einen diskreten Mops[3] und einen diskreten Tapir vorgefunden. Wir sind bei dieser Dame[4] geblieben, und der Abend bei ihr war reizend, ohne daß irgend etwas gesagt oder getan worden wäre. Guille war vor allem entzückt über unsere Tage in Le Havre und Reims, über ihre automatische Verdoppelung. Er lachte sehr und voller Sympathie für mich. Ich habe von Ihnen berichtet, aus Ihrem Brief vorgelesen. Kommentiert. Ich habe dort geschlafen, und Mops hat mich um neun geweckt, indem sie Aron hereinführte, der,

3 Spitzname der Tochter von Madame Morel.
4 Spitzname von Madame Morel.

wie es ihm entspricht, von einer Flut elektrischen Lichts begleitet war. Er blieb da wie ein alter Adler und legte mir die Doktorarbeit des Französischlektors von Köln dar, während ich, fasziniert, in meinen feuchten Laken leise schnaufte. Dann kam Guille, der mit ihm weggehen sollte. Beide haben mir das Frühstück am Bett serviert; Aron schenkte Kaffee ein, und Guille strich Butter aufs Brot; beide sagten: «Ach, du alter Witwer hast es gut! Castor hätte dir keine Brote geschmiert usw. usf.» Ich habe sie verlassen, habe auf dem ganzen Montparnasse das Kaninchen[5] gesucht und endlich gefunden, wir haben uns für nachmittags verabredet. Mittagessen bei meinen Großeltern mit Onkel Georges. Ich habe Ihre Schwester im Luxembourg getroffen. Sie platzte fast vor Seligkeit bei dem Gedanken, nach Marseille zu fahren. Und da ein Glück selten allein kommt, hat sie mir gesagt, Giraudoux werde sie am Samstag morgen empfangen. Sie hofft, daß er sich ihr gegenüber sehr schlecht benimmt. Aber er hat leider entgegengesetzte Neigungen. Und

5  Meine Schwester.

sie sagte mir: «Ach, ach! Man hält Sie zum Narren, Miché, kleiner Miché. Man holt Sie, wenn man Ihr Geld braucht. Aber man betrügt Sie.» Ich bin mit ihr zur Place d'Italie einen trinken gegangen. Sie trug prahlerisch die Fotos von Spanien unterm Arm, nachdem sie erklärt hatte: «Wofür halten Sie mich, ich werde kein einziges verlieren, ich bin nicht Castor.» Aber bei den Gobelins hat sie die Hälfte fallen lassen, und ohne einen jungen Pfadfinder, der eine gute Tat vollbringen wollte, wären sie zum Teufel gewesen. Bei den Gobelins hat sie behauptet, daß Guille schon wieder einen sehr schlechten Einfluß auf mich ausübe und daß ich bereits diesen schönen Firnis aus Sanftheit verlöre, den sie mir die Jahre zuvor verliehen hätte. Der Junge lachte sich schief. Wir haben ein Taxi genommen, sie hat mich im *Acropole* gelassen und ging Gégé[6] holen. Die bunten Butzenscheiben, aus denen sich das Deckengewölbe des *Acropole* zusammensetzt, spiegelten sich in meinem Portwein. Wenn ich mein

6 Eine Freundin meiner Schwester, die auch meine wurde.

Glas heftig bewegte, waren sie ganz klein und dicht gedrängt, und wenn die Bewegung abnahm, wurden sie größer und gewannen ihre Erhabenheit zurück. Ich habe mich auf diese Weise eine gute halbe Stunde amüsiert, mit einem Ohr den Prophezeiungen einer dicken betrunkenen Frau lauschend, und dann kam Ihre Schwester allein wieder, empört; Desmoines[7] wollte Gégé nicht fortgehen lassen, die Schwiegermutter hatte spitze Bemerkungen gemacht; sie hatte Gégé verlassen, als diese blaß vor Wut sagte: «Gut, ich gehe nicht weg.» «Denn, verstehen Sie», sagte sie zu mir, «so ist sie es, die eine Szene machen wird, und das ist ihr lieber.» Wir haben den Bus genommen, ich habe Ihre Schwester im *Lutétia* gelassen und bin zu dieser Dame gegangen. Hier ereignet sich ein merkwürdiger Zwischenfall. (Ich lasse Sie drei Minuten im ungewissen und hole am Bahnhof meine Zeitkarte für die Eisenbahn.)

Folgendes ist passiert. Ich klingle bei dieser Dame; sie war nicht da. Ich gehe, unsicher. Plötzlich denke ich, aber ohne Hoffnung auf

7 Gégés Mann.

Erfolg, ich könnte Nizan bei *Bifur* besuchen. Ich finde dort die Sekretärin, die mir mit ihrem feinen Lächeln mitteilt, daß Nizan am Nachmittag nicht gekommen sei. Ich gehe und kehre langsam wieder zu dieser Dame zurück. Auf der Höhe von Gallimard sehe ich plötzlich meinen Großherzog[8] gehen, pfeifend, seine Frau drei Schritte hinter ihm, wie es sich gehört, gekrümmt unter Paketen. «Guten Tag, Großherzog.» Aber der Großherzog wird grün, und seine ganze Haltung drückt gezwungene, falsche Herzlichkeit aus. «Begleiten wir ihn bis zu dieser Dame», sagt er, «wir haben Zeit.» Aber die Fenster dieser Dame waren dunkel. Endlich beschließt er: «Gehen wir einen trinken.» Man spricht über Athen. «Das sind Steine. Man hätte vor zweihundert Jahren kommen müssen, um sich das vorstellen zu können.» Im Grunde genommen sei Griechenland «zum Kotzen». Sie haben sich in Naxos tödlich gelangweilt. Wir kommen zum *Lutétia,* und mein Adlerauge, oder eher mein Besitzerauge, bemerkte sofort den Eisberg, der sie ab-

8 Nizan.

kühlte. Unter Schuhen und einem Paket Cervelatwurst sehe ich auf dem Marmortisch neben der Douairière[9] mein ehrenwertes book[10], schlaff und kläglich. Ich habe nichts gesagt, und obwohl ich zugegebenermaßen eine solche Angst hatte, daß mein Sherryglas ein wenig in meiner Hand zitterte, tat ich ihnen gegenüber so, als wenn nichts wäre. Man plaudert verlegen über alles mögliche, vermeidet jedoch, sich über literarische Fragen auszulassen, weil es diese verdammte Gedankenassoziation gibt, wo sich eins aus dem anderen… Endlich steht der Großherzog abrupt auf, «um den Zug nicht zu verpassen», und stehend: «Ach! Übrigens… äh… übrigens, mein kleiner Freund, ich komme gerade von Robert France, und es ist so… also es ist so…» Es kam nicht, und ich glaubte mein Buch[11] schon abgelehnt. Aber keineswegs, er fände es gut und wolle es nehmen, nur das

9  Rirette Nizan.

10  So nannte Sartre sein *OmoRing-book*.

11  *Légende de la Vérité* [deutsch: Legende *der Wahrheit* in *Die Transzendenz des Ego*. Philosophische Essays 1931–1939. Philosophische Schriften, Rowohlt Verlag, Reinbek 1982].

Vorwort soll anscheinend nicht gemeinverständlich sein, und er habe es dem Großherzog anvertraut, damit der in seiner Doppeleigenschaft als Herausgeber und Freund des Autors sehe, was zu tun sei. Das ist alles: sie sind gegangen, und ich habe gezahlt, aber ich finde die Geschichte erstaunlich.

1. Wenn es nur darum geht, ein Vorwort durchzusehen, warum war der Großherzog dann so verlegen und geheimnisvoll?

2. Warum wendet sich Robert France nicht direkt an mich, wie es üblich ist, wenn ein Verleger will, daß ein Autor etwas an seinem Werk ändert? Ich hoffe doch nicht, daß Nizan in meinem *factum* herumstreicht und kürzt, ohne daß ich auch nur die Nase hineinstecke.

3. Warum findet er, während *L'homme seul* durch meine Schuld fast unverständlich und die *Légende de la vérité* Aron zufolge einigermaßen dunkel ist, gerade das Vorwort, das ich (und Sie und Nizan, als er es überflog) für klar hielt, obskur?

4. Aber andererseits, wenn Robert France, wie ich vermutet habe, mein *factum* abgelehnt hat, warum betont Nizan dann, statt

darüber hinwegzugehen, so nachdrücklich, daß Robert France die Arbeit um jeden Preis nehmen will.

5. Nizan hat zum Schluß gesagt: «Im übrigen, wende dich an ihn.»

Guille hat im Spaß vermutet, daß Nizan das Buch unter seinem Namen bei *Carrefour* erscheinen lassen will. Jedenfalls werde ich am Donnerstag morgen zu Robert France gehen, und mit dem Großherzog habe ich mich für Donnerstag nachmittag verabredet. Aber die Geschichte ist wirklich komisch: all die Zufälle (fast hätte ich einen anderen Weg genommen: dann hätte ich ihn verfehlt) und das Gesicht des Großherzogs – selbst wenn nichts dahintersteckt – waren die Anekdote wert.

Von dort bin ich zu dieser Dame gegangen. Das Lama kam auch gerade. Zu Guille ist er kühl und zu mir freundlich. Dem Gleichgewichtsspiel, das er treibt, entsprechend ist es also wahrscheinlich, daß ich mittels einiger Freundlichkeiten wieder Eugène werde. Ich werde seiner Frau Blumen kaufen. Ich habe die Fotos gezeigt, und sie fanden Santillana erstaunlich. Ich habe ein Huhn, zwei Eier,

Brie, alles durcheinander verdrückt und ein Glas Wein. Ich habe mit dem Lama ein Taxi genommen und dann meinen Zug.

Heute morgen habe ich mir die Haare schneiden lassen, dann, als ich darüber nachdachte, daß alle Welt glücklich ist, beschloß ich, mir – wie man in Ihrer Herzensheimat [12] sagt – eine kleine Freude zu machen. Ich ging in die *Grosse Tonne* Mittag essen, aber es war nicht so gut wie sonst, bis auf einen ausgezeichneten Schellfisch und einen Calvados von 1913, billiger als der andere, aber fast genauso gut. Von dort ging ich in die Bibliothek, um *Tourgueniev* von Maurois zu lesen, und nun bin ich dabei, Ihnen zu schreiben. Diese acht engbeschriebenen Seiten sind in Wirklichkeit wer weiß wie viele.

Hören Sie jetzt zu: nach der Postanweisung werden Sie einen Brief von mir erhalten mit der Bitte, mir das Geld um den 16. Oktober zurückzugeben. *Schenken Sie ihm keine Beachtung.* Die Zeiten haben sich geändert, seit ich ihn geschrieben habe. Erstens habe ich Nachhilfeschüler (drei, darunter ein klei-

12 Im Limousin.

nes Mädchen, ein dickes kleines Mannweib), außerdem habe ich gerade erfahren, daß meine Neun-Monats-Karte für die Eisenbahn in drei Raten à tausend Francs bezahlt wird. Dann schickt mir die Bank 2750 Francs, von denen ich nur 1300 für Kleidung ausgeben werde. Also, wenn Sie mich nicht ärgern wollen, sprechen Sie nicht mehr von diesem Geld, abgemacht, nicht wahr. Wenn Sie es mir zurückschicken, werde ich es Ihnen wiederschicken und so weiter. Wenn Sie es absolut nicht ausgeben wollen, heben Sie es für Ihre Schwester auf für November, weil ich ihr wahrscheinlich nur 500 Francs werde geben können.

Mon cher amour, Sie können nicht wissen, wie ich jede Stunde des Tages an Sie denke, die ganze Welt hier ist erfüllt von Ihnen. Manchmal fehlen Sie mir, und ich habe ein wenig Kummer (ein ganz, ganz klein wenig), andere Male bin ich ganz glücklich zu denken, daß der Castor existiert und sich Maronen kauft und spazierengeht; nie verläßt mich der Gedanke an Sie, und ich führe im Geist kleine Gespräche mit Ihnen. Übrigens habe ich überlegt, daß Sie an Allerheiligen kommen sollten. Es ist ein Sonntag, aber wir haben sicher den Montag dazu. Und Sie haben dienstags keinen Unterricht...

# 1934

*Viele Briefe, die Sartre mir 1931/32 schrieb, als ich in Marseille war, sind verlorengegangen. Verloren sind auch all die, die er mir 1933/34 aus Deutschland schickte.*

## An Simone de Beauvoir

3./4. September

Mon amour,

Sie sind seit sechs Stunden in Ajaccio, in der Sonne, hoffe ich. Hier regnet es die ganze Zeit. Vier sind hier, die eine Abneigung haben gegen dieses unter Bäumen versteckte traurige kleine Haus am Ende einer Avenue, die auf die Grande-Route geht: mein Großvater als Oberhaupt, der von morgens bis abends auf seinem Bett schluchzt, mein Stiefvater, «der so gut ist», aber sichtlich genug hat, meine Mutter und das Mädchen, Germaine. Es gibt noch ein anderes Mädchen, Misandre, und mich, um die Hausgemeinschaft zu vervollständigen. Es ist so, daß man die ganze Zeit aufeinanderhockt. Glücklicherweise gibt es ein Kommen und Gehen, die Leute gehen nach Paris, außer dem Alten, der schläft oder weint. Er verblödet völlig: «Ich habe gemerkt, daß mein Sohn Georges mein ganzes Haus ausgeräumt hat, um mir woanders eines einzurichten, mit der gleichen Aussicht und den gleichen Häusern gegenüber... Nichts ist verändert, obwohl wir nicht mehr in Paris sind. Und zwar weil wir beide Jungen sind.» Er redet mühelos wie ein Rinnsal lauwarmen Wassers. Mit der ausgesuchtesten Höflichkeit sagt er zu meinem Stiefvater: «Entschuldigen Sie, mein lieber Herr, ich erkenne Sie nicht recht wieder. Würden Sie mir Ihren Namen sagen?», oder er sagt zu meiner Mutter (die You genannt wird, wie Sie wissen): «Ach, du warst in Vichy, da mußt du ja You getroffen haben.» Gestern abend hat er uns rufen lassen. Er war im Bett, in höchster Erregung: «Ich möchte euch ein Problem unterbreiten. Ich habe einen Bruder, den ich sehr achte. Aber er hat mir meine Möbel gestohlen. Was soll ich tun?» Man umarmt ihn, man sagt ihm «Du wirst deine Möbel wiederbekommen», man gibt ihm ein Bonbon. Er beruhigt sich sofort. Im übrigen hatte der Ausdruck «die Verliebten spielen» seinen vollen Sinn, was bei meiner Mutter einen Zynismus ahnen läßt, den ich an ihr nicht kannte. Man hat Blut am Hosenschlitz des Alten gefunden. Das Fräulein war von unermüdlicher Ausdauer. Die letzten Tage, die er in Paris verbracht hat, haben ihn total erledigt, wegen einer komischen Wechselbädertherapie. Das Fräulein kam nachmittags, nahm ihm einige Tropfen Blut ab und ließ ihn in einem Zustand unerhörter Erregung zurück. Er zitterte und sprach davon, sich aus dem Fenster zu stürzen. Da gab ihm Germaine, das Mädchen, das nachts bei ihm wacht und schlafen wollte, eine beträchtliche Dosis Gardenal ins Essen, was ihn völlig benommen machte. Dann lud sie ihn sich auf die Schultern, oder doch fast, und warf ihn mit hängender Zunge auf sein Bett. Dem bevorstehenden Umzug des Alten an den Boulevard de Beauséjour lag ein heimtückischer, verbissener Kampf zwischen Germaine und der Goulut[1] zugrunde. Sonst hätten wir nie etwas erfahren. Die Goulut war in Rente gegangen und wollte im nächsten Jahr in die Rue Saint-Jacques ziehen. Sie hätte Germaine hinauswerfen lassen, aber die hat sich gewehrt und alles meiner Mutter verraten (außer das mit dem Gardenal, was später herauskam). Meine Mutter beschloß, den Dingen so schnell wie möglich ein Ende zu machen, und beeilte sich, eine Villa in Saint-Cloud zu mieten. Germaine nahm sie das Versprechen ab, daß sie meinem Onkel, dem Fotografen, nichts sagt. Germaine, die fürchtete, meine Mutter sei nicht flink genug, und trotzdem ihr Wort halten wollte, hat alles der Concierge erzählt, die es dann geflissentlich meinem Onkel Georges hinterbrachte. Dieser hat die Wut bekommen und beschloß, das Fräulein hinauszuwerfen. Um einen Skandal zu vermeiden, hat meine Mutter meinen

[1] Eine ehemalige Schülerin von Charles Schweitzer, die ihm gegenüber «die Verliebte spielte».

Großvater eines Nachmittags mitgenommen, ohne jemandem etwas davon zu sagen, und hierhergebracht. Gleichzeitig mietete sie das Erdgeschoß der Nr. 57 am Boulevard de Beauséjour. Das Fräulein stand am nächsten Tag in der Rue Saint-Jacques vor verschlossener Tür. Sie hat einen vier Seiten langen Brief geschrieben, den ich mich bemühen werde hier zu stehlen, um ihn Ihnen zu zeigen. Sie versucht darin, sich von «häßlichen Verdächtigungen» reinzuwaschen... Der Fotograf hat geantwortet, indem er von seinem «doppelten Atavismus an moralischer Rigorosität» sprach, die ihn ganz gewiß nicht zu Nachsicht neigen lasse. Daraufhin bemächtigte er sich aller Möbel der Rue Saint-Jacques und sagte: «Für die Zeit, die er noch lebt, braucht er sie nicht mehr.» Eine Familie ist ein Scheißhaufen. Aber das Schönste, die Blutstropfen und ein paar andere Geschichten, verbirgt man vor meinem Stiefvater, um seine Gefühle nicht zu verletzen. Soweit die Geschichte von Großvater.

Was meine eigene betrifft, so wird sie kurz sein. Zunächst hat mich ein gewitzter Bursche am Ausgang des Bahnhofs nach Suresnes geschickt, wo ich einen Fußgängerüberweg vorfand, aber keine Avenue. Ich war einen Moment lang verzweifelt, nachdem ich eine Dreiviertelstunde mit dem Koffer in der Hand durch den Dreck marschiert bin und x Leute gefragt habe, von denen mir niemand Auskunft geben konnte. Schließlich ging ich den Weg zurück und fand gegen sieben Uhr die besagte Avenue auf der Grande-Route, fünf Minuten vom Bahnhof entfernt. Ich bin dort von meiner Mutter mit offenen Armen empfangen worden; sie machte sich Vorwürfe, daß sie mir zu spät nach Strasbourg geschrieben habe und mich erst «dieser Tage» erwartet hätte. Sie sind unberechenbar. Mein Stiefvater kam kurz danach mit Migräne heim und ging zu Bett. Während die beiden Männer schliefen, aßen meine Mutter und ich zu Abend, dann gingen wir zu meinem Stiefvater, der mir von acht bis zehn ununterbrochen und allumfassend von Amerika sprach, mit Mienenspiel und Effekten wie ein Erzähler. Wir sind schlafen gegangen, und ich habe gegen zwei Uhr morgens einen kleinen Asthmaanfall gehabt. Ich habe Licht gemacht und angefangen zu lesen. Aber hier ist man in der Familie. Nach drei Minuten ging die Tür auf, und meine Mutter kam im Morgenmantel herein mit einem Glas, Gummibonbons und Aspirintabletten. Die Gummibonbons waren gegen das Asthma (wer hätte das gedacht?) und das Aspirin gegen die Krankheit im allgemeinen. Ich habe alle geschluckt und melancholisch festgestellt, daß die Wände dünn sind wie Papier und daß man in einem Zimmer den Schein unter der Tür sieht, sobald in einem anderen Licht gemacht wird. Vielleicht haben diese Überlegungen bewirkt, daß ich letzte Nacht keine Minute Asthma hatte. Dagegen mache ich im Schlaf immer herrliche Spaziergänge, ich besichtige alte Schlösser und mittelalterliche Städte. Gestern bin ich durch Paris geschlendert. Morgens mit meiner Mutter, auf dem Boulevard de Beauséjour. Abends mit meinem Stiefvater, der mich in der Rue de Messine abgesetzt hat. Von dort aus bin ich ein bißchen herumgelaufen und habe mir einen Regenmantel gekauft. Meine Mutter wird *nichts* zahlen. Ich werde mir also ein Paar Schuhe leisten müssen. Außerdem muß ich 70 Francs für mei-

nen Koffer aus Berlin zahlen. Der Regenmantel hat 80 Francs gekostet. Ich habe
dreihundert Francs von der Bank geholt und
muß vielleicht noch mehr holen. Wie werden wir leben, meine arme kleine Wunderbare?

Das ist alles. Ich werde ein bißchen gut arbeiten, hoffe ich. Die Bilder. Ich denke sehr
an Sie und habe den ganzen Tag gestern oft
gewünscht, Sie mögen ein ruhiges Meer haben und nicht seekrank werden. Ich liebe Sie
von ganzem Herzen. Sie waren reizend auf
dem Bahnsteig. Ich habe Sie oben von der
Brücke aus noch ein bißchen gesehen, aber
Sie haben nicht zu mir hochgeschaut, sie hatten einen absurden Gesichtsausdruck. Ich
habe sehr bedauert, daß ich, weil ich unbe-
dingt um sieben Uhr bei meinen Eltern sein
wollte, nicht die ganze Zeit bei Ihnen geblieben bin. Ich liebe Sie und umarme Sie ganz
fest.

b.w.

Grüßen Sie den kleinen Freund Guille. Ich
habe gestern noch ein oder zwei kleine Erleb-

nisse[2] für ihn gehabt. Vergessen Sie nicht, ihm die Zigarren zu geben, wenn Sie sie nicht zerbrochen haben. Passen Sie auch auf, daß er sie raucht, denn er könnte, abgeschreckt von ihrem simplen Aussehen, auch nur so tun als ob.

## An Simone de Beauvoir

Mein reizender Castor

Ich schreibe Ihnen aus Freude am Schreiben, aber ich weiß nicht so recht, ob dieser Brief Sie erreichen wird: ich habe keine Adresse, an die ich ihn schicken kann. Ich hoffte heute morgen ein wenig auf einen Brief von Ihnen, aber es kam keiner. Ich bin sehr froh, denn ich habe Ihnen gestern fünfhundert Francs schicken können und weiß, daß Sie jetzt endgültig aus der Patsche sind. Wenn Sie trotzdem noch Geld benötigen, brauchen

2 Sartre gebrauchte das deutsche «Erlebnis» im Sinne von «Emotion, Gefühlswallung».

Sie bloß zu telegrafieren, und ich werde welches auftreiben.

Ich hatte mich gestern gefreut, als ich daran dachte, daß ich Ihnen heute morgen schreiben würde, aber es wurde nichts daraus: ich bin spät ins Bett gegangen (ich habe Toulouse[3] besucht), früh aufgewacht (Sie wissen, daß man mich hier[4] um acht Uhr aus dem Bett wirft, selbst wenn ich bis vier Uhr aufgewesen bin), ich wollte Ihnen vom *Café des Tourelles* schreiben, das ich ganz gern mag, obwohl der Wirt ein widerlicher «Feuerkreuzler» ist, aber

[*Die Fortsetzung fehlt.*]

3 Simone Jolivet.
4 Er wohnte bei seinen Eltern.

# 1935

## An Simone de Beauvoir

Mon cher amour

Hier ein erster kurzer Brief aus «der nörd-
lichsten Stadt der Welt». Gleich werde ich
dort an Land gehen. Die Kreuzfahrt hat sich
als völlig harmlos erwiesen, denn auf dem
Schiff sind 12 Angelsachsen und 18 Franzo-
sen, die sich wie folgt verteilen: eine Mon-
archie von Fotografen, deren Oberhaupt ein
großer Politiker ist (ich weiß seinen Namen
nicht); eine Republik von Bridgespielern, deren einer Senator mein Stiefvater ist; und eine
einsame Insel, die ich bin. Ich lese, schreibe
mein *factum*, mache, was ich will. Die detail-
lierte Beschreibung einer Kreuzfahrt morgen.
Stellen Sie sich vor, wir hatten gestern um

Mitternacht Tag hier, aber keine Sonne. Eine geladene Kanone wartete, um aus vollem Rohr zu schießen, aber das Gestirn beharrte eigensinnig darauf, nicht zu erscheinen. Ein solcher nächtlicher Tag ist sehr schön, ich werde Ihnen noch davon erzählen. Ich muß mich auf die Beschreibung von Naturschönheiten beschränken: Ereignisse hat es nicht gegeben.

Ich umarme Sie von ganzem Herzen und liebe Sie leidenschaftlich.


## An Simone de Beauvoir

[24. Juli]

Mon cher amour

Ich schreibe Ihnen um ein Uhr morgens, und natürlich ist es taghell. Die Leute um mich herum quasseln und essen Sandwiches, und ich habe gerade eine große Tasse schwarzen Kaffee getrunken, wie mitten am Tag. Wir haben heute morgen Hammerfest passiert, wo es im Winter zwei Monate lang

Nacht ist. Etwas oberhalb der Stadt liegt ein herrliches Holzgebäude – die Irrenanstalt. Am Ende dieser langen Nacht ist sie regelmäßig voll. Danach wurden vor einem «Vogelfelsen» Böllerschüsse abgegeben. Die Kormorane, Möwen, Eiderenten haben sich nicht allzusehr aufgeregt, denn es gibt im Sommer achtzig Kreuzfahrten in Norwegen, und man macht das zweimal am Tag mit ihnen. Sie sind aus Prinzip ein wenig gekreist und waren fünf Minuten bereit, einem Fliegenschwarm zu ähneln, dann haben sie sich würdevoll wieder in Reihen zu fünfzig oder hundert auf ihrem Felsen niedergelassen.

Heute abend hat uns eine Schaluppe an den Fuß des Nordkaps gebracht. Meine Eltern, die empfindliche Füße haben, sind im Boot geblieben; ich und leider hundert andere sind mühsam auf den Gipfel der Klippe gestiegen. Es ging darum, die Mitternachtssonne noch zu erwischen, die man gestern verpaßt hatte. Aber sie hielt uns zum besten, sie hatte sich mit einer prächtigen weißen Wolke umgeben wie einst Äneas bei der Ankunft in Karthago, und wir sind wie Hunde in dichtem Nebel wieder hinabgestiegen. Abgesehen davon konnten wir von da oben feststellen, daß die Erde rund ist (aber das kann man genauso gut von Sainte-Adresse aus sehen), und ich habe einen taubstummen Österreicher gesehen, der mit dem Motorrad durch Norwegen fährt, und drei Lappen. Von den Lappen habe ich allerdings genug: das ist eine riesige Farce. Um halb ein Uhr nachts waren wir zurück, ich habe meine Eltern begrüßt, die munter waren, und habe sieben kleine Sandwiches und ein großes Stück raffinierte Cremetorte gegessen.

Ich liebe Sie. Ich liebe Sie zärtlich. Bis morgen.


Es gibt ausgezeichnete Sachen im *Stillen Don*, allerdings ist er nicht so gut wie *Neuland unterm Pflug*.[1] Gut genug jedoch, um mich zu beschämen: ich habe heute morgen dreißig Seiten über ein Damenorchester zerrissen und weggeworfen, dann habe ich die Hoffnung aufgegeben, je mein Handwerk zu beherrschen, dann habe ich die Frage kluger-

1 Beides von Scholochow.

weise auf später verschoben. Ich werde morgen von vorn anfangen.

## An Simone de Beauvoir

25.7.

Mon amour

Diesmal haben wir sie erwischt – ich meine, die Mitternachtssonne. Es ist Mitternacht in Norwegen, das heißt sechs vor Mitternacht in Frankreich. Sie schlafen den Schlaf des Gerechten, oder Sie schauen jedenfalls die Sterne an. Hier ist es rosa und bonbonfarben, der Schnee ist rosa, das Wasser ist rosa – der Himmel geht von Malvenfarben in Rosa über wie bei einem ganz ordinären Sonnenuntergang in Rouen. Und zweihundert Personen in Smoking oder Abendkleid stehen mit Fotoapparaten auf der Brücke. Vielleicht wird ein Kanonenschuß abgegeben. Das Schiff hat angehalten und schwankt nicht schlecht. Man hat uns die Wartezeit mit einer Sängerin versüßt oder einer angeblichen Sängerin, die die hohen Töne von unten her nahm, um sie leichter hochheben zu können. Diese ließen sich das jedoch nicht gefallen, und so entstand drei lange Viertelstunden der Eindruck einer mißlichen Lage für Noten, Publikum und Sängerin. Magerer Applaus. Vorher, denn ich erzähle Ihnen das von hinten, waren wir ausgestiegen (gerade hat man den schicksalhaften Kanonenschuß abgegeben, noch einen und noch einen. Lachen und Schreie. Es ist eine Sekunde nach Mitternacht, die Sonne geht auf, und wir gehen ins Bett). Tromsö besichtigt, das man auch Tromsoe oder Tromsø schreiben kann und das eine Stadt aus Holz ist wie Hammerfest und Molde. Alles aus Holz und ärmlich, mit düsteren Häusern und nur konzeptuellen Straßen. Allerdings gibt es dort ein wenig Vegetation. In Hammerfest besitzt nur der Garten des reichsten Mannes der Stadt etwas anderes als Kieselsteine. All diese Marktflecken sind düster und nett, weil sie sogar darauf verzichtet haben, kokett zu sein. Es riecht nach hartem Leben. Ich habe meine Eltern sich selbst überlassen und war in einem netten Café im ersten Stock eines Holzhauses ein Bier trinken; ich war allein mit einem kleinen Mädchen, das unablässig deutsche Schallplatten auf einen schlechten Plattenspieler auflegte, und ich hatte zehn Minuten ungetrübter Freude – jener ungetrübten Freude, die ein Plattenspieler, ein Café und eine fremde Stadt automatisch in mir auslösen.

Ich gebe sehr wenig Geld aus.

Ich liebe Sie sehr und habe große Lust, bei Ihnen zu sein. Aber wir kommen ja wieder.

## An Simone de Beauvoir

26.7.

Mon amour

Heute sah man nichts als Meer, und da es ein wenig rauh war (in Höhe der Lofoten: es wird Ihnen nicht entgehen, daß wir auf dem Rückweg sind), wurde die Hälfte der Passagiere zwischen zehn und fünf Uhr seekrank. Viele erschienen nicht zum Mittagessen oder aßen einen Apfel. Was mich angeht, so hat mir der Herr meine Verstandeskraft wiedergegeben, die zweifellos auch in meinen Haaren lag, und so beginne ich, in dem Moment, da ich die Hoffnung verlor, mit einer vortrefflichen kleinen Novelle über ein ganz unerwartetes Thema: ein zehnjähriges Mädchen steigt aufs Nordkap und sieht die Mitternachtssonne. Ich glaube, es wird sehr gut. Jedenfalls läuft es mühelos, und das Schreiben fesselt mich. Meine Eltern sind ins Bridgespielen vertieft, was sie sehr beruhigt. Gestern abend, als man die Kanone abschoß, um die Sonnenmitternächte zu feiern, ist meine Mutter anscheinend in die Luft gegangen. Da hat mein Stiefvater gesagt: «Ich tue doch alles, was ich kann, um dich glücklich zu machen» und ist bis vier Uhr morgens auf der Brücke geblieben. Aber heute waren sie ruhig und sanft. Abends war Maskenball. Ich habe mich widerwillig in eine Frau verkleidet, und man hat mir eine Perücke aufgesetzt. Ich sah aus wie eine verkommene junge Deutsche, eine Minderjährige mit Zöpfen, die auf den Strich geht. Ich habe trotzdem eine als Mann verkleidete alte amerikanische Jüdin bezirzt, die mit mir getanzt und mich dann einer Menge Leute vorgestellt hat. Sie war reizend. Wir sprachen deutsch. Ich habe angefangen zu tanzen, wie Ihre kleine Freundin[2] es mich gelehrt hat, und bin den Leuten auf die Füße getreten, so daß sie mich schief angesehen haben. Da habe ich wieder auf meinen alten Stil zurückgegriffen, und man sagte: «Wie gut Sie tanzen.» Inzwischen hat mein Stiefvater, der beim Bridge siebenundfünfzig Francs fünfzig gewonnen hatte, Champagner spendiert. Ich bin immer noch als Frau verkleidet, während ich Ihnen schreibe (halb eins). Ich habe mich gut amüsiert und finde diese Amerikaner alle recht nett. Morgen wird Trondheim besichtigt. Ich liebe Sie sehr und gehe schlafen. Auf Wiedersehen, mon amour.

2 Olga.

## An Simone de Beauvoir

27.7.

Mon amour

Zuerst teile ich Ihnen mit, daß das Schiff am Donnerstag um 13 Uhr in Calais sein wird. Ich werde also am Freitag um Mitternacht in Sainte-Cécile sein. Ist das so, wie es vereinbart war? Ich freue mich, Sie wiederzusehen. Und auch, das muß ich sagen, meine Eltern zu verlassen. Mein Stiefvater ist heute unerträglich gewesen. Nervös, widersprach allem und war voll von Belehrungen über Fragen, die mich nicht interessieren. Heute abend mußte ich mich sehr zusammennehmen und zählte die Minuten, bis er endlich schlafen ging. Allerdings habe ich ihn ein paar Stunden abhängen können. Aber morgen ist ein großer Ausflug mit dem Auto geplant, dann kann ich ihnen zwölf Stunden lang nicht entkommen. Ich zittere im voraus.

In Trondheim sind wir an Land gegangen. Um ihnen ein wenig aus dem Weg zu gehen, habe ich einen kleinen Ausflug allein gemacht (im Auto mit drei alten Französinnen).

Nichts Interessantes. Norwegische Städte sind häßlich, sobald sie etwas größer sind. Trondheim ist die drittgrößte Stadt Norwegens (50000 E.). Ich traf meine Eltern im Garten einer uninteressanten alten Kathedrale wieder und habe sie nicht mehr verlassen bis jetzt, da sie schlafen gegangen sind. Ich müßte das auch tun, denn morgen stehen wir um halb sieben Uhr auf, aber ich kann mich nicht dazu entschließen, ich habe Lust, mich meiner Freiheit ein wenig zu freuen. Die nette alte Amerikanerin von gestern abend habe ich heute nur flüchtig zu Gesicht bekommen, aber ich gedenke, mich morgen abend nach dem Ausflug an sie zu hängen. Wir verstehen einander zwar sehr wenig, aber dann bin ich wenigstens meine Eltern los. Nie habe ich meinen Stiefvater in einer so starken Dosis genossen, denn früher hatte er immer seine Fabrik. Ich bin übrigens ganz lieb, obwohl ständig nahe daran, ihn über Bord zu schmeißen.

Und Sie, mon cher amour? Tragen Sie munter Ihre große Tasche? Schießen Sie viele Schäfer mit Ihrem Revolver? Und vergewaltigen Sie sie dann? Amüsieren Sie sich gut? Ich hoffe, kiloweise Briefe am Boulevard de Beauséjour zu finden. Vor allem hoffe ich, daß Sie glücklich sind. Ich kann es kaum erwarten, Sie wiederzusehen. Die Eltern stecken wie ein Messer in den Schädeln der Kinder und zerschneiden alle Gedanken.

Ich liebe Sie und küsse Sie leidenschaftlich.